P9-BZX-666

SOPA DE POLLO PARA EL ALMA DEL TRABAJADOR

Relatos sobre valor, compasión y creatividad en el lugar de trabajo

Jack Canfield
Mark Victor Hansen
Maida Rogerson
Martin Rutte
Tim Clauss

Health Communications, Inc.
Deerfield Beach, Florida

www.hci-online.com
www.chickensoup.com

Deseamos expresar nuestro agradecimiento a los muchos editores y personas que nos concedieron su autorización para reproducir el material que aparece a continuación. (Nota: los cuentos anónimos, que son del dominio público, o aquéllos escritos por Jack Canfield, Mark Victor Hansen, Maida Rogerson, Martin Rutte o Tim Clauss no están incluidos en este listado.)

El guante de Jessie. Reproducido con autorización de Rick Phillips. ©1996 Rick Phillips.

La escalera al cielo. Reproducido con autorización de Joanna Slan. ©1996 Joanna Slan.

Todo en un día de trabajo. Reproducido con autorización de Naomi Rhode. ©1996 Naomi Rhode.

El hombre de Navidad. Reproducido con autorización de Rachel Dyer Montross. ©1996 Rachel Dyer Montross.

(Continúa en la página 238)

Catalogación y publicación registradas en la Biblioteca del Congreso

Chicken soup for the soul at work. Spanish
    Sopa de pollo para el alma del trabajador : historias de valor, compasión y creatividad en el lugar de trabajo / Jack Canfield . . . [et al.].
      p.   cm.
    ISBN 1-55874-731-1
    1. Work—Moral and ethical aspects.   2. Interpersonal relations—Moral and ethical aspects. 3. Employees—Conduct of life. 4. Spiritual life. 5. Inspiration—Anecdotes. I. Canfield, Jack. II. Title.
    HD4905.C44818   1999
    331.25—dc21
                                             99-27290
                                              CIP

Editorial: Health Communications, Inc.
           3201 S.W. 15th Street
           Deerfield Beach, FL 33442-8190

Rediseño de la portada por Andrea Perrine Brower

*Que allí donde está nuestro trabajo,
también esté nuestra alegría.*

Tertuliano

Con amor, dedicamos este libro a
las almas de quienes trabajan
en cualquier lugar, por su labor de amor,
servicio y propósito. Reconocemos sentidamente
su energía, creatividad, preocupación y compromiso.
Benditos sean ustedes, sus familias y
nuestro mundo por sus contribuciones únicas.

Índice

3. EL PODER DEL RECONOCIMIENTO

4. SERVICIO: ESTABLECER NUEVOS CRITERIOS

5. SIGUE TUS CORAZONADAS

6. CREATIVIDAD EN EL TRABAJO

7. SUPERAR OBSTÁCULOS

8. SOBRE EL VALOR

9. LECCIONES Y ENSEÑANZAS

Agradecimientos

Nos ha tomado más de un año escribir, compilar y editar *Sopa de pollo para el alma del trabajador*. Para todos nosotros ha sido una verdadera labor de creación conjunta. Una de las más grandes alegrías que hemos tenido al escribir este libro ha sido trabajar con personas que no sólo han entregado su tiempo y atención a este proyecto, sino también su corazón y su alma. Queremos agradecer a las siguientes personas su dedicación y colaboración, porque sin ellas este libro no habría sido posible:

A nuestras familias, quienes nos han dado su apoyo y afecto a lo largo de este proyecto, ¡y que han sido sopa de pollo para *nuestras* almas!

A Heather McNamara por editar y preparar el manuscrito definitivo con facilidad, gracia y claridad. Apreciamos profundamente tu paciencia, dedicación y valiosas sugerencias. ¡Es un placer trabajar contigo!

A Patty Aubery, por su apoyo e inspiración, especialmente durante los difíciles momentos de la edición final.

A Nancy Mitchell, por su persistencia y entereza en la obtención de las autorizaciones para publicar todos los relatos que aparecen en el libro.

A Veronica Romero y Julie Knapp, por su ayuda en la oficina de Jack para hacer que el trabajo cotidiano se desarrollara sin dificultad.

A Rosalie Miller, quien nos alimentó material y espiritualmente durante las últimas semanas de preparación del manuscrito.

A Trudy Klefstad de OfficeWorks por las noches que pasó en vela para mecanografiar el manuscrito en sus etapas finales.

A Sarah Ann Langston, quien mecanografió muchos de los cuentos bajo la presión del tiempo.

A Valerie Santagto, por su creatividad fotográfica y profesionalismo.

Y a nuestro querido amigo Douglas Blair por su amor, apoyo y solicitud a lo largo del proceso de redacción del libro.

Deseamos agradecer de manera especial a los autores por sus inspiradas colaboraciones. Esperamos que el haberlos incluido promueva sus carreras y contribuya a su propia expresión en el mundo.

Agradecemos también a los cientos de personas que nos enviaron cuentos, poemas y citas para incluirlos en *Sopa de pollo para el alma del trabajador*. Aun cuando no nos fue posible utilizar todo el material recibido, nos conmovió profundamente la sentida intención de compartir sus aportes con nosotros y con nuestros lectores.

Asimismo deseamos expresar nuestro agradecimiento a muchas de las personas que enviaron contribuciones a ediciones anteriores de *Sopa de pollo para el alma*, quienes han demostrado amor hacia este proyecto y un interés constante por compartir sus relatos.

Queremos agradecer también a quienes leyeron la versión preliminar de más de 160 relatos, porque nos ayudaron a hacer la selección final y nos ofrecieron útiles comentarios acerca de cómo podíamos mejorar el libro: Mavis Allred, Missy Alpern, Gina Armijo, Barbara Astrowsky, Shawn Berry, Douglas Blair, Rick Blake, Mike Blower, Leslie Boardman, Hal Bolton, Linda Bradley, Donna Burke, Mary Clark, Armond y Lorraine Clauss,

Patricia Cole, Dr. Marlene M. Coleman, Amy Connolly, Sandford Daigle, Ron Delpier, Sander Feinberg, Susan y David Gardin, Fredelle Gudofsky, Douglas Hoover, Nick Kleto, Linda Masterson, Bob y Carolyn McClellan, Wally Michaels, Linda Naiman, Dave Potter, Ross Praskey, Amy Rogerson, John Scherer, Carol Schultz, Michael Shandler, Ellen Sloan, John St. Augustine, Mary Tanton, Joan y Leith Thompson y Roy Trueblood.

Y a las personas que nos ayudaron con nuestros cuentos en el último momento: Thea Alexander, Richard Barrett, Ken Blanchard, Charles Bower, Don Brown, Stephanie Clarke, Paul y Layne Cutright, Stan Dale, Chris Douglas, Burt Dubin, Nicholas Economou, Warren Farrell, Ann Feyerherm, John E. Foley, Kay Gilley, Scott Gross, Jennifer Hawthorne, Ron Hulnick, Karen Jorgensen, Kimberly Kirberger, Janet Larson, Steven Lawson, Diane Loomans, Dorothy Marcic, Judy Meyering y Diane Montgomery de CareerTrack, Jonathon Moynes, Bryan Murray, Richard Navarrette, Tim Piering, Morton Ritts, John Scherer, Ron Scoastico, Marci Shimoff, Frank Siccone, Robert Siccone, Sue Smink de Pryor Report, Pat Sullivan, Grant Sylvester, Marta Vago, Jonathan Wygant y Elsie F. Zala.

A Peter Vegso y Gary Seidler de Health Communications, Inc., por creer en este libro desde el momento en que se propuso y por hacerlo llegar a manos de millones de lectores. ¡Gracias, Peter y Gary!

A Christine Belleris, Matthew Diener y Mark Colucci, nuestros editores en Health Communications, Inc., por sus generosos esfuerzos para llevar este libro a su feliz término.

A Arielle Ford y Kim Weiss, nuestros publicistas, quienes continúan divulgando la serie de *Sopa de pollo para el alma*.

Dado el volumen de este proyecto, es posible que hayamos omitido los nombres de algunas personas que colaboraron con nosotros. Si así fue, les rogamos que nos disculpen —deben saber que apreciamos realmente a cada uno de ustedes.

Y por último, estamos verdaderamente agradecidos al *Espíritu* viviente que nos inspira. A través de su presencia en nuestras vidas, este trabajo se convirtió en juego y en una expresión directa del verdadero propósito de nuestras almas.

Introducción

Un exitoso hombre de negocios viajó a la India para pasar un mes trabajando en uno de los albergues de la Madre Teresa. Anhelaba conocer a la diminuta monjita, pero ella estaba de viaje y sólo pudo obtener una audiencia para el día anterior a su partida. Cuando finalmente se encontró ante ella, para su gran sorpresa, comenzó a llorar. Ante sus ojos pasaron todas las ocasiones en que había sido egoísta, o había estado ocupado o centrado en su propio beneficio, y sintió una enorme tristeza de haber perdido tantas oportunidades en la vida para dar algo de sí mismo y de sus recursos. Sin decir palabra, la Madre Teresa se acercó a él, puso las manos sobre sus hombros y lo miró profundamente a los ojos. "Debes comprender", dijo, "que Dios sabe que das lo mejor de ti mismo".

El trabajo es una parte integral de nuestra vida y nos ofrece un mundo de experiencias diferentes. Mientras estábamos escribiendo este libro, recibimos relatos de profesores e ingenieros, carpinteros y contadores, artistas, gerentes, amas de casa, quiroprácticos y personas de muchas otras profesiones. Al leer estos cuentos nos sentimos profundamente conmovidos por el enorme corazón, alma y espíritu que se expresa a través del trabajo. Día tras día nos levantamos por la mañana, muchos de nosotros debemos enfrentar el ajetreo de una familia, y luego nos dirigimos al trabajo donde pasamos ocho, diez e incluso doce horas haciendo nuestra contribución. Esto es compromiso en acción.

Grandes y profundas transformaciones se dan cada día en los lugares de trabajo, pero aún anhelamos satisfacer nuestras necesidades humanas básicas —relaciones significativas, realizaciones creativas y el conocimiento de que nuestro trabajo es valioso y valorado.

Hay claros indicios de una gran renovación en el trabajo. Esto se refleja en los títulos de los capítulos "El poder del reconocimiento" (Capítulo 3) —donde se descubre la energía positiva y vital del reconocimiento; "Servicio: establecer nuevos criterios" (Capítulo 4) —donde se explora la riqueza de dar; y "Sigue tus corazonadas" (Capítulo 5) —donde se hace énfasis en el valor del conocimiento intuitivo.

Estos relatos pueden ser utilizados de muchas maneras —como una buena lectura, como alimento para la reflexión, como el alivio que buscamos cuando nos sentimos deprimidos o alegres— pero ante todo, les pedimos que los compartan con sus amigos y compañeros de trabajo. Que estos relatos los lleven a conversar y a compartir. Si están inspirados, compartan su inspiración; si se divierten, compartan su risa; si están conmovidos, ábranse a los demás.

Al aproximarnos al nuevo milenio, apoyémonos los unos a los otros, haciendo que el trabajo que realizamos nos proporcione satisfacciones, recompensas y contribuya al bien de todos. Como dijo Santo Tomás de Aquino: "No hay felicidad en la vida si no hay felicidad en el trabajo".

Leer estos relatos les recordará, una y otra vez, como ha sucedido con nosotros, que cuando hacemos a un lado todo lo demás somos almas trabajadoras —que amamos, crecemos y evolucionamos— y "damos lo mejor de nosotros mismos".

No hay mejor cosa para el hombre que comer y beber, y alegrar su alma con el fruto de su trabajo.

Eclesiastés 2:24

1

AMOR EN EL TRABAJO

El trabajo es una manifestación del amor.

Kahlil Gibran

El guante de Jessie

Un acto bondadoso y compasivo a menudo es su propia recompensa.

William J. Bennett

Cada año dedico buena parte de mi tiempo al entrenamiento administrativo para la Circle K Corporation, una cadena nacional de tiendas de abarrotes. Entre los temas que tratamos en nuestros seminarios está el de cómo conservar a los empleados de calidad —un verdadero reto para los administradores, si consideramos la escala de salarios en la industria de los servicios. En el transcurso de estas discusiones, pregunto a los participantes, "¿Qué lo ha llevado a usted a permanecer en este cargo el tiempo suficiente como para llegar a ser administrador?". Hace algún tiempo, una de las nuevas administradoras, al escuchar la pregunta, respondió lentamente, con la voz temblorosa, "Fue un guante de béisbol de diecinueve dólares".

Cynthia le relató al grupo que inicialmente había aceptado un empleo con esta compañía como interina, mientras buscaba algo mejor. Al segundo o tercer día de estar detrás del mostrador, recibió una llamada telefónica de Jessie, su hijo de nueve años. Necesitaba un guante de béisbol para jugar en la liga de menores. Ella le explicó que era una mujer sola, que no disponía de mucho dinero, y que su primer salario estaba destinado a pagar las cuentas. Quizá podría comprarle el guante en uno o dos meses.

Cuando Cynthia llegó al trabajo a la mañana siguiente, Patricia, la administradora de la tienda, le pidió que se reuniera con ella en la pequeña habitación que usaba como oficina. Cynthia se preguntó si habría cometido algún error, o si habría dejado sin concluir algún trabajo el día anterior. Se sentía preocupada y desconcertada.

Patricia le entregó una caja. "Escuché involuntariamente la conversación que sostuvo ayer con su hijo", dijo, "y sé que es difícil explicar estas cosas a los niños. Es un guante de béisbol para Jessie, porque quizás él no sepa lo importante que es para usted, aun cuando primero están las cuentas. Usted sabe que no podemos pagarle a la gente buena como usted tanto como desearíamos, pero nos preocupamos y deseamos que sepa que es importante para nosotros".

La consideración, la empatía y el amor de esta administradora nos demuestra vívidamente que la gente recuerda más la actitud de su empleador que el salario que recibe. Una lección importante por el precio de un guante de béisbol.

Rick Phillips

La escalera al cielo

Nadie puede tratar con el corazón de los hombres si no cuenta con la simpatía que da el amor.

Henry Ward Beecher

En el transcurso de mi carrera en ventas, a menudo me pregunto acerca de los clientes difíciles. ¿Por qué son tan malos? ¿Cómo pueden ser tan descorteses? ¿Cómo una persona perfectamente racional puede perder de repente todo sentido de la decencia?

Un día tuve ocasión de comprender un poco su manera de pensar. Sucedió cuando me encontraba de visita en el almacén de música de mi esposo. Él estaba atendiendo a un cliente y no disponía de mucho personal. Hice entonces lo que cualquier buena esposa habría hecho: traté de atender a los clientes.

"Busco una partitura", dijo un hombre gruñón que llevaba una gorra sucia fuertemente apretada sobre sus escasos cabellos grises. "El nombre de la canción es . . .", y alisó un ajado papel mimeografiado que había sacado del bolsillo. "'Escalera al cielo.' ¿La tiene?"

Me dirigí al lugar donde estaban almacenadas las partituras y comencé a buscar el nombre. En un día de suerte, las partituras se encuentran en orden alfabético. Aquel día no lo estaban. Busqué durante varios minutos, consciente de la creciente impaciencia del hombre.

"No, lo siento, pero parece que no la tenemos."

Su espalda se arqueó y sus ojos azul pálido se estrecharon. Casi imperceptiblemente, su esposa le tocó la manga como para detenerlo. Retorció sus delgados labios, enojado.

"¡Pues qué maravilla! ¿Y se creen un almacén de música? ¿Qué clase de almacén no tiene este tipo de música? ¡Todos los chicos conocen esa canción!", murmuró.

"Sí, pero no tenemos todas las partituras que jamás . . ."

"Claro, ¡es fácil para usted! ¡Es fácil dar disculpas!" Ahora su esposa se aferraba a su manga, susurrando, tratando de calmarlo, como le habla un chalán a un caballo desbocado.

Se inclinó hacia mí, señalándome con su nudoso dedo. "Supongo que usted no entendería, ¿verdad? ¡A usted no le importa que mi hijo haya muerto! Que haya incrustado su auto en aquel árbol viejo. Que toquemos su canción predilecta en su funeral. ¡Y está muerto! ¡Ya no está! ¡Dieciocho años y ya no está!"

Pude enfocar entonces el papel que agitaba ante mi vista. Era el programa para el servicio funerario.

"Supongo que no entendería", murmuró. Inclinó la cabeza. Su esposa lo rodeó con los brazos y permaneció silenciosa a su lado.

"No puedo entender su pérdida", dije en voz baja, "pero enterramos a mi sobrino de cuatro años el mes pasado, y sé cómo duele algo así".

Levantó la vista. El enojo había desaparecido de su rostro y suspiró. "Es una pena, ¿verdad? Una pena terrible."

Permanecimos en silencio durante largo rato. Luego buscó en el bolsillo de atrás y sacó una billetera ajada. "¿Quiere ver una foto de nuestro hijo?"

Joanna Slan

"Cuente con nosotros"

Lo que viene del corazón va al corazón.

Jeremiah Burroughs

Trabajaba como consultor en una compañía de cerveza. Ayudaba al presidente y a los vicepresidentes a formular e implementar su nueva visión estratégica. Era un enorme reto.

Al mismo tiempo, mi madre se encontraba en los estadios finales de un cáncer.

Trabajaba durante el día y luego conducía cuarenta millas para estar con ella todas las noches. Resultaba agotador y me causaba una enorme tensión, pero era lo que quería hacer. Mi compromiso era continuar ofreciendo excelente asesoría durante el día, aunque mis noches fueran muy difíciles. No deseaba importunar al presidente con mi situación y, sin embargo, sentía que alguna persona de la compañía debía saber lo que ocurría. Entonces se lo conté al vicepresidente de Recursos Humanos, y le pedí que no se lo dijera a nadie.

Pocos días después el presidente me llamó a su oficina. Pensé que deseaba hablarme acerca de alguno de los muchos temas sobre los que estábamos trabajando. Cuando entré, me pidió que tomara asiento. Desde el otro extremo de su enorme escritorio, me miró a los ojos y dijo: "Escuché que su madre está muy enferma".

Me tomó completamente por sorpresa y rompí a llorar. Sólo me miró, aguardó a que terminara de llorar y luego, dulcemente, dijo una frase que nunca olvidaré: "Cuente con nosotros".

Eso fue todo. Su comprensión, el deseo de permitirme sentir mi pena y de ofrecerme todo, fueron un acto de compasión que siempre llevo conmigo.

Martin Rutte

Todo en un día de trabajo

*Si puedo aliviar de una vida el dolor
o mitigar su pena,
o ayudar a un petirrojo desvalido
a regresar al nido,
no habré vivido en vano.*

Emily Dickinson

Él fue admitido en urgencias y conducido al piso de los enfermos cardiacos. Cabellos largos, sin afeitar, sucio, peligrosamente obeso, con una chaqueta negra de motociclista tirada en la repisa de la camilla, estaba ajeno a este mundo esterilizado de baldosas brillantes, profesionales eficientes y uniformados, y procedimientos estrictos para el control de las infecciones. Definitivamente, un intocable.

Las enfermeras contemplaban atónitas cómo pasaba esta mole de humanidad a su lado, y todas miraban nerviosas a Bonnie, la jefe de enfermería. "Que no sea yo quien deba ingresar, bañar y atender a . . .", era su mudo y fervoroso mensaje.

Una de las verdaderas marcas de un líder, de un

profesional consumado, es hacer lo impensable. Arriesgarse a lo imposible. Tocar lo intocable. Fue Bonnie quien dijo: "Yo me haré cargo de este paciente". Muy poco habitual para una jefe de enfermeras —poco convencional— pero estaba hecha de aquello de lo que vive, sana y eleva al espíritu humano.

Mientras se ponía sus guantes de caucho y procedía a bañar a aquel hombre enorme y sucio, su corazón estaba desgarrado. ¿Dónde se encontraba su familia? ¿Quién era su madre? ¿Cómo era de niño? Canturreaba quedamente mientras trabajaba y esto parecía aliviar el temor y la incomodidad que él debía estar sintiendo.

Y luego, de repente, dijo: "No tenemos mucho tiempo para masajes en la espalda en estos tiempos, pero apuesto que uno le caería verdaderamente bien. Y le ayudaría a relajar sus músculos para que comience a sanar. Para eso es este lugar . . . un lugar para sanar".

La piel gruesa, escamosa, irritada, delataba un estilo de vida abusivo: probablemente, una serie de conductas adictivas respecto a la comida, el alcohol y las drogas. Mientras frotaba aquellos músculos tensos, canturreaba y rezaba por el alma de un niño que había crecido rechazado por la aspereza de la vida, y que había luchado por ser aceptado en un mundo duro y hostil.

El final fue con loción caliente y talcos para bebé. Casi risible —semejante contraste con esta superficie enorme y ajena. Cuando se volvió sobre la espalda, corrían lágrimas por sus mejillas y su barbilla temblaba. Con sus ojos marrones, asombrosamente bellos, sonrió y dijo con voz quebrada: "Nadie me ha tocado en años. Gracias. Estoy sanando".

Naomi Rhode

El hombre de Navidad

Cuando dejamos de pensar principalmente en nosotros y en nuestra propia preservación, sufrimos una transformación verdaderamente heroica de la conciencia.

Joseph Campbell

La última Navidad fue una época difícil para mí. Mi familia y todos mis amigos cercanos se encontraban de regreso en la Florida, y yo estaba completamente sola en una California bastante fría. Trabajaba demasiado y enfermé gravemente.

Tenía un doble turno en el mostrador de una compañía aérea. Eran cerca de las nueve de la noche, la víspera de Navidad, y me sentía verdaderamente infeliz. Había pocas personas trabajando y muy pocos clientes que solicitaran nuestros servicios. Cuando me correspondió llamar a la persona que tenía el turno siguiente, divisé al anciano más dulce que he visto, apoyado en su bastón. Se aproximó muy lentamente al mostrador, y con una voz muy débil me dijo que necesitaba viajar a Nueva Orleans. Traté de explicarle que aquella noche no había más vuelos y que debía esperar hasta la mañana siguiente. Se veía confuso y muy preocupado. Intenté obtener más información; le pregunté si tenía una reservación o si recordaba cuándo debía viajar, pero con cada pregunta parecía más confundido. Se limitaba a repetir: "Ella dijo que tenía que viajar a Nueva Orleans".

Después de un largo rato pude averiguar, al menos, que este anciano había sido dejado por su cuñada en el andén, la víspera de Navidad, y que le dijo que debía ir a Nueva Orleans, donde tenía parientes. Le dio algún dinero en efectivo y le dijo que entrara y comprara un boleto. Cuando le pregunté si podía regresar a la mañana siguiente, respondió que ella se había marchado y que no tenía a dónde ir. Luego manifestó que aguardaría en el aeropuerto hasta la mañana siguiente. Desde luego, me sentí un poco avergonzada. Sentía compasión de mí misma por estar sola el día de Navidad, cuando aquel ángel llamado Clarence MacDonald me fue enviado para recordarme qué significa estar verdaderamente solo. Me rompió el corazón.

De inmediato le dije que arreglaríamos todo, y el agente de Servicios al Cliente me ayudó a reservar un pasaje para él en el primer vuelo de la mañana. Obtuvimos la tarifa para los ciudadanos mayores, así tendría algún dinero de sobra para el viaje. Para entonces parecía muy cansado, y cuando me aproximé a preguntarle si se encontraba bien vi que su pierna estaba envuelta en una venda. Había estado de pie todo el tiempo, sosteniendo una bolsa plástica llena de ropa.

Solicité una silla de ruedas. Cuando llegó, todos nos acercamos a ayudarlo y advertí que su venda estaba manchada de sangre. Le pregunté cómo se había herido y me explicó que acababa de sufrir una operación del corazón y que habían usado una de las arterias de la pierna. *¿Pueden creerlo?* Aquel hombre había sido operado del corazón y poco después lo habían dejado a la entrada del aeropuerto para que comprara un boleto sin reservación y viajara a Nueva Orleans, ¡solo!

Nunca había manejado una situación como ésta y no sabía qué podía hacer. Regresé para preguntar a mis supervisores si podíamos encontrar un lugar para alojarlo aquella noche. Ambos estuvieron de acuerdo y conseguimos un vale para que pudiera ir a un hotel, cenar y desayunar. Cuando salí, lo ayudamos con su bastón y su ropa y pedimos al encargado de las maletas que lo condujera a esperar el bus que lo llevaría al hotel. Me incliné para explicar de nuevo al señor MacDonald los detalles acerca del hotel, la comida y el itinerario, y le dije que todo saldría bien.

Al partir, me dijo: "Gracias", inclinó la cabeza y rompió a llorar. Yo también lloré. Cuando regresé a expresar mi agradecimiento a la supervisora, se limitó a sonreír y dijo: "Me fascinan estos cuentos. Él es tu hombre de Navidad".

Rachel Dyer Montross

El trabajo de su vida

Que la belleza de lo que amas sea tu labor.

Rumi

Cuando su esposa murió, el bebé tenía dos años. Había seis hijos más —tres niños y tres niñas, entre los cuatro y los dieciséis años.

Pocos días después de enviudar, sus padres y los de su difunta esposa vinieron a visitarlo.

"Hemos estado conversando", dijeron, "sobre cómo ayudarte. Es imposible que cuides a todos los niños y trabajes a la vez. Así que hemos decidido que cada niño viva con uno de sus tíos. Todos estarán en este mismo barrio, así que podrás verlos cuando lo desees . . .".

"No saben cómo agradezco su consideración", respondió el hombre. "Pero quiero decirles", sonrió y prosiguió, "que si los niños interfieren con mi trabajo, o si necesitamos su ayuda, se lo haremos saber".

Durante las semanas siguientes el hombre trabajó con sus hijos, asignándoles tareas y responsabilidades. Las dos niñas mayores, de doce y diez años, comenzaron a cocinar, a lavar y a ocuparse de las labores domésticas.

Los dos niños mayores, de catorce y dieciséis años, ayudaban a su padre en las labores del campo.

Pero luego vino otro golpe. El hombre comenzó a sufrir de artritis. Sus manos se inflamaban y no podía utilizar sus herramientas de trabajo. Los niños asumían bien sus labores, pero el hombre comprendía que no podía continuar así. Vendió el equipo de trabajo de la granja, se mudó a un pueblo cercano y abrió un pequeño negocio.

La familia fue bien acogida en su nuevo vecindario. El negocio floreció. Le agradaba ver a la gente y prestarles un servicio. Comenzó a ser conocido por su agradable personalidad y su excelente servicio al cliente. La gente se desplazaba grandes distancias para comprar en su tienda. Los niños lo ayudaban en la casa y en el trabajo. El placer que el padre sentía en su trabajo les traía satisfacciones, y él se alegraba con sus éxitos.

Los niños crecieron y se casaron. Cinco de los siete ingresaron a la universidad, la mayoría después de haberse casado. Cada uno había financiado su propia carrera. Los éxitos académicos de sus hijos eran una fuente de orgullo para el padre. Él no había terminado más que la escuela primaria.

Luego vinieron los nietos. Nadie disfrutó más de ellos que este hombre. Cuando ya pudieron caminar, los invitaba a su almacén y a su pequeña casa. Eran felices los unos con los otros.

Por último, su hija menor —el bebé que tenía dos años cuando la madre falleció— contrajo matrimonio.

Y el hombre, habiendo completado el trabajo de su vida, murió.

El trabajo de su vida había sido la tarea, solitaria pero alegre, de criar a su familia. Este hombre era mi padre. Yo era quien tenía dieciséis años, la mayor de los siete hermanos.

Wyverne Flatt

Por amor a mi padre

*El amor conquista todas las cosas; rindámonos
a él también nosotros.*

Virgilio

Nunca pensé que mi padre fuera una persona muy emo-
tiva, y nunca lo fue, al menos en mi presencia. Aun cuando
tenía sesenta y ocho años y sólo medía un metro con
setenta, y yo uno con ochenta pesando ciento treinta kilos,
me parecía enorme. Siempre lo vi como una persona firme
y rigurosa que rara vez sonreía. Mi padre nunca me dijo
que me quería cuando yo era niño, y yo nunca se lo
reproché. Creo que todo lo que yo realmente quería era
que mi padre se sintiera orgulloso de mí. Cuando era
joven, mamá me abrumaba con sus "te quiero", así que
nunca eché de menos no escucharlo de mi padre. Supongo
que en el fondo sabía que me quería, aun cuando nunca lo
dijera. Ahora que lo pienso, creo que yo tampoco le dije
nunca que lo quería. En realidad no pensé mucho en esto
hasta cuando enfrenté la realidad de la muerte.

El 9 de noviembre de 1990 escuché que el destacamento
de la Guardia Nacional al cual yo pertenecía, se preparaba

para la operación Escudo del Desierto. Nos acuartelarían en el fuerte Ben Harrison de Indiana y luego viajaríamos directamente a Arabia Saudita. Yo llevaba diez años en la Guardia Nacional y nunca soñé que seríamos enviados a la guerra, aun cuando sabía que nos habían entrenado para esto. Visité a mi padre para darle la noticia. Pude sentir que estaba intranquilo con mi viaje. Nunca discutimos el tema, y partí ocho días después.

Tenía varios parientes cercanos que habían estado en el ejército durante la guerra. Mi padre y mi tío participaron en la Segunda Guerra Mundial, y dos de mis hermanos y una hermana habían prestado su servicio en Vietnam. Me sentía incómodo de dejar a mi familia para servir a mi país en una zona de combate, pero sabía que era mi deber hacerlo. Rezaba para que esto hiciera que mi padre se sintiera orgulloso de mí. Él estaba muy involucrado en la organización de los Veteranos de Guerras Extranjeras y siempre había sido partidario de un ejército fuerte. Yo no había podido ingresar a esta organización porque nunca había estado en una zona de combate —esto siempre me había hecho sentir que no valía a los ojos de mi padre. Pero he aquí que yo, su hijo menor, sería enviado a una tierra extranjera, a trece mil kilómetros de distancia, a combatir en un país del que casi jamás habíamos oído hablar.

El 17 de noviembre de 1990 la caravana de vehículos del ejército salió de nuestro pequeño pueblo de Greenville, Michigan. Las calles estaban atestadas con las familias y los simpatizantes que habían acudido a despedirnos. Cuando nos aproximábamos a los linderos del pueblo, miré por la ventana del camión y vi a Kim, mi esposa, a mis hijos y a mis padres. Todos se despedían y lloraban, excepto mi padre. Permanecía allí de pie, como una estatua de piedra. En aquel momento se veía increíblemente viejo. No sé por qué, pero así fue.

El Día de Acción de Gracias no estuve allí y me perdí la cena familiar. Siempre acudía mucha gente, dos de mis hermanas con sus esposos e hijos, mi esposa y los nuestros. Me perturbó profundamente no poder estar con ellos. Pocos días más tarde, cuando pude llamar a mi esposa por teléfono, me dijo algo que ha logrado, desde entonces, que vea a mi padre de una manera completamente diferente.

Mi esposa sabía que mi padre era poco emotivo, y pude escuchar cómo le temblaba la voz cuando me habló. Me dijo que él había dicho la oración habitual del Día de Acción de Gracias, pero agregando esta vez una última frase. Con la voz quebrada y una lágrima corriendo por sus mejillas, dijo: "Señor, te pido que protejas y guíes con tu mano a mi hijo Rick, en este tiempo de penuria en el que sirve a su país, y permitas que regrese a nosotros sano y salvo". En aquel momento rompió a llorar. Nunca había visto llorar a mi padre, y cuando escuché esto no pude menos que llorar también. Mi esposa me preguntó qué me sucedía. Después de serenarme, respondí: "Supongo que papá realmente me quiere".

Ocho meses más tarde, cuando regresé de la guerra, corrí a abrazar a mi esposa y a mis hijos con los ojos llenos de lágrimas. Cuando me aproximé a mi padre, lo abracé con fuerza. Susurró en mi oído: "Estoy muy orgulloso de ti, hijo. Te quiero". Miré a aquel hombre directamente a los ojos, sostuve su cabeza entre mis manos y dije: "Yo también te quiero, papá", y nos abrazamos de nuevo. Luego ambos rompimos a llorar.

Desde aquel día la relación con mi padre nunca ha sido igual. Hemos sostenido profundas conversaciones. Me he enterado de que siempre ha estado orgulloso de mí, y que ya no teme decir "Te quiero". Tampoco yo. Sólo lamento que, para saberlo, se necesitaran veintinueve años y una guerra.

Rick Halvorsen

2

SOBRE LA SOLICITUD

El poder del amor y de la solicitud puede cambiar el mundo.

James Autry

Una lección de mi padre

Uno se gana la vida con lo que recibe, pero hace su vida con lo que da.

Winston Churchill

Nuestra familia siempre ha estado dedicada a los negocios. Mis seis hermanos y yo trabajamos en el negocio de mi padre, en Mott, Dakota del Norte, un pequeño pueblo en medio de las praderas. Comenzamos a trabajar haciendo diferentes oficios como limpiar el polvo, arreglar las repisas y empacar, y luego progresamos hasta llegar a atender a los clientes. Mientras trabajábamos y observábamos, aprendimos que el trabajo era más que un asunto de supervivencia o para hacer una venta.

Recuerdo una lección de manera especial. Era poco antes de Navidad. Yo estaba en octavo grado y trabajaba en las tardes, organizando la sección de los juguetes. Un niño de cinco o seis años entró en la tienda. Llevaba un viejo abrigo marrón, de puños sucios y ajados. Sus cabellos estaban alborotados, con excepción de un copete que salía derecho de la coronilla. Sus zapatos gastados, con un único cordón roto, me corroboraron que el niño era pobre —demasiado pobre como para comprar algo. Examinó con cuidado la sección de juguetes, tomaba uno y otro, y cuidadosamente los colocaba de nuevo en su lugar.

Papá entró y se dirigió al niño. Sus acerados ojos azules sonrieron y un hoyuelo se formó en sus mejillas mientras preguntaba al niño en qué le podía servir. Éste respondió que buscaba un regalo de Navidad para su hermano. Me impresionó que mi padre lo tratara con el mismo respeto que a un adulto. Le dijo que se tomara su tiempo y mirara todo. Así lo hizo.

Después de veinte minutos, el niño tomó con cuidado un avión de juguete, se dirigió a mi padre, y dijo: "¿Cuánto vale esto, señor?".

"¿Cuánto tienes?", preguntó mi padre.

El niño estiró su mano y la abrió. La mano, por aferrar el dinero, estaba surcada de líneas húmedas de mugre. Tenía dos monedas de diez, una de cinco y dos centavos —veintisiete centavos. El precio del avión elegido era de tres dólares con noventa y ocho centavos.

"Es casi exacto", dijo mi padre, cerrando la venta. Su respuesta aún resuena en mis oídos. Mientras empacaba el regalo pensé en lo que había visto. Cuando el niño salió de la tienda, ya no advertí el abrigo sucio y ajado, el cabello revuelto ni el cordón roto. Lo que vi fue un niño radiante con su tesoro.

LaVonn Steiner

Lleva tu corazón al trabajo

A la gente se la maneja con más éxito comprometiendo sus sentimientos que persuadiendo su razón.

Paul P. Parker

Una cliente me contrató para que entrenara a la importante firma de telemercadeo para la cual trabajaba. Cuando estaba entrenando al personal de telemercadeo en ventas, advertí cierta agitación entre ellos. Aprendían una nueva tecnología de ventas que combina la confianza, la integridad y la colaboración para apoyar las decisiones de compra de los presuntos clientes. Trabajaban con dedicación y estaban entusiasmados de aprender, pero era evidente que no deseaban comprometerse plenamente. Al final del primer día sabía que si no comprendía lo que estaba sucediendo con el grupo, no podía continuar.

"¿Hay algún problema para que aprendan esta tecnología?", pregunté. Permanecieron en silencio. Aguardé una respuesta. Por fin, uno de ellos tomó la palabra:

"Sería maravilloso si realmente pudiéramos usar este material. Quiero decir, veo que sería muy efectivo y no me sentiría que estoy siendo tan abusivo con la gente a la que llamo. Pero no creo que la compañía nos permita usarlo. La gente no les importa. Nos tratan como infrahumanos, utilizan tácticas de venta abusivas con sus presuntos clientes y sólo les interesa ganar dinero. Si se enteraran de que estamos utilizando este tipo de enfoque, no nos permitirían continuar con él".

Le dije al grupo que pensaría acerca del problema y me comprometí a ayudarlos a encontrar una manera de incorporar sus nuevas habilidades. Parecían dispuestos a ensayarlas, pero no estaban convencidos de que hicieran una gran diferencia.

En desarrollo del programa, me dirigí a la zona de teléfonos donde trabajaban los vendedores y observé cuando el vicepresidente principal de la compañía se acercó a hablar con una de las representantes. La interrumpió en mitad de una conversación. Luego se dirigió a otra persona que se encontraba haciendo una llamada de ventas y le preguntó por qué tenía una foto personal en su escritorio, pues no estaban permitidas. En el escritorio que ocupé había un memorando de este mismo hombre, donde se decía que al día siguiente deberían usar un traje completo, sin despojarse de sus sacos entre las once de la mañana y el mediodía, porque presuntos clientes de la compañía pasarían por aquellas oficinas.

Aguardé a que el vicepresidente regresara a su oficina y llamé a su puerta. Puesto que enseño colaboración, decidí suponer que estábamos en una situación de "todos ganan". Sonrió y me invitó a hablar. "Tengo un problema que espero usted pueda resolver. Se me ha contratado para enseñar una nueva tecnología de ventas basada en la confianza y la colaboración. Sin embargo, los participantes temen trasladarla a sus escritorios."

Era un hombre corpulento y había servido en la Armada. Se reclinó en su silla y se meció en ella, sonriendo y exhibiendo un estómago bien alimentado. Replicó: "Si produce dinero, ¿por qué habrían de temer?".

Lo contemplé detenidamente. Parecía amable, aun cuando sus acciones no lo indicaban. "¿Le incomodaría que le hiciera una pregunta personal, que quizá no esté relacionada con nada?", pregunté. Su sonrisa se amplió y asintió mientras continuaba meciéndose. Sentí que me aceptaba.

"¿Cómo puede funcionar todos los días en el trabajo, si deja el corazón en casa?"

El hombre continuó meciéndose suavemente, sin cambiar de expresión. Observé que sus ojos se estrechaban. Respondió: "¿Qué más sabe usted de mí?".

"Me resulta confuso", aventuré a decir. "Usted parece ser una persona amable y gentil y, sin embargo, sus acciones no parecen tener en cuenta a la gente. Usted antepone el trabajo a la relación pero, de alguna manera, creo que usted conoce la diferencia."

Miró su reloj y preguntó: "¿Está libre para cenar? Vamos, yo invito".

La cena duró tres horas. Me refirió gráficamente sus experiencias en Vietnam como oficial obligado a hacer cosas malas a gente buena. Lloró. Yo también lloré. Su vergüenza hacía que guardara silencio. Nunca antes había compartido sus experiencias con alguien. Se había pasado la vida creyendo que su bondad podía herir a la gente; entonces había decidido, años atrás, no permitir que su corazón se atravesara en el camino de su deber. Era un dolor que soportaba todos los días. Al compartirlo conmigo me permitió hablar de uno de los dolores de mi propia vida, que rara vez comparto. Permanecimos juntos con nuestra comida fría, las cervezas tibias y lágrimas en los ojos.

A la mañana siguiente me llamó a su oficina. "¿Puede acompañarme mientras hago una cosa?", preguntó. Luego llamó a la persona que me había contratado y se disculpó por no apoyarla y por faltarle al respeto delante de otras personas. Ella reaccionó con asombro y agradecimiento. Luego se volvió hacia mí y preguntó: "¿Hay algo más que creas que debo hacer?".

Pensé por un momento y respondí: "Podrías considerar disculparte con todo el grupo".

Sin vacilación, tomó el teléfono y pidió a su secretaria que reuniera el grupo. Luego se disculpó primero con el cliente delante del grupo, después con éste por faltarles al respeto y se ofreció a introducir los cambios necesarios para que les agradara venir a trabajar todos los días. Deseaba también aprender mi tecnología y ofrecerla a todo el personal de ventas.

Aquella fue la primera de una serie de reuniones entre el vicepresidente principal, mi cliente y el equipo. Las personas que estaban buscando otro empleo dejaron de hacerlo. Comenzaron a confiar en que estar en su lugar de trabajo no sería dañino, e incluso, hasta podría ser divertido. El grupo apoyó el nuevo enfoque de ventas basado en la colaboración. El vicepresidente principal comenzó a utilizar sus nuevas habilidades con otros grupos. Y yo hice un nuevo amigo.

Sharon Drew Morgen

Un guijarro en el agua

Nos vemos confrontados con oportunidades insuperables.

Walt Kelly, "Pogo"

Los acontecimientos que condujeron al momento de mayor orgullo de mi carrera como docente por veintiocho años comenzaron el lunes 9 de diciembre de 1990. Nuestras tropas estaban combatiendo en la operación Tormenta del Desierto, en Arabia Saudita. Me encontraba en una reunión de profesores que se realizaba en la cafetería de la escuela, después de las clases. La coordinadora de sistemas nos contaba acerca del proyecto Escudo del Desierto, creado por Walter Payton, el antiguo campeón de fútbol americano de los Chicago Bears.

Nos explicó que él había alquilado un avión para viajar el domingo al Golfo Pérsico y así entregar personalmente los obsequios y las donaciones provenientes de la zona metropolitana de Chicago. Se nos pidió que invitáramos a nuestros estudiantes a enviar tarjetas de Navidad y a escribir cartas amistosas para alegrar a nuestros soldados durante las fiestas.

Cuando aquel martes conducía hacia la escuela, recordé haber pasado la Navidad en las islas Filipinas cuando trabajaba para los Cuerpos de Paz en la década de los años sesenta. Había recibido galletas enviadas de casa. ¡Cuánto significaron para mí! Sentí que me querían y se preocupaban por mí. Comencé a pensar que si cada estudiante aportaba cincuenta centavos, reuniríamos sesenta dólares para comprar galletas y enviarlas el domingo en el avión.

Aquel martes, cuando pregunté a los estudiantes de cada una de mis clases qué opinaban de aportar cincuenta centavos, recibí su apoyo total. Mientras avanzaba el día y otras personas se enteraban de nuestro proyecto, la National Honor Society se ofreció a contribuir con libros de bolsillo. Luego la coordinadora de programas anunció que su clase llenaría calcetines de Navidad con caramelos.

El miércoles en la mañana me dirigí a la oficina principal y le relaté a la secretaria de la directora que mis alumnos reunirían dinero para las galletas y lo que otros cursos estaban haciendo. Le pregunté si la administración de la escuela no podría hacer una donación, y la directora estuvo de acuerdo. Estaba tan encantada que luego le pregunté si podría llamar a la oficina del distrito y preguntar si la administración central podía hacer una donación. Allí también decidieron apoyar nuestro proyecto.

Cuando informé a mi curso el monto total que habíamos recolectado, supimos que tendríamos más de ciento cincuenta dólares, así que podíamos comprar algo más que galletas. Compilamos una lista con los elementos que se piden a los miembros de la familia para enviar al extranjero, y tres estudiantes de cada clase se ofrecieron a conformar el comité de compras.

El jueves almorcé en el salón de profesores y compartí con entusiasmo las noticias acerca del compromiso de la escuela con el proyecto Escudo del Desierto. Una de las personas que escuchaba me informó que los insectos del desierto se introducían en los paquetes enviados desde el extranjero y me sugirió que llamara a una compañía de palomitas de maíz para pedir que me donaran unos contenedores de metal vacíos.

Además de éstos, la compañía ofreció donar varias cajas de palomitas de maíz. Cuando presenté mi informe diario a los cursos y les transmití esta respuesta, mis estudiantes produjeron una lluvia de ideas acerca de otras maneras de ayudar a través de los lugares de trabajo de sus padres.

El jueves, al finalizar el día, habíamos recolectado doscientos sesenta dólares. Armados con una carta oficial que certificaba el compromiso de la escuela con el proyecto Escudo del Desierto, los comités partieron a hacer sus compras.

Cuando llegué a mi clase el viernes en la mañana, me sorprendí al ver las cantidades de cajas que descargaban los porteros. Los quince miembros del comité entraron, uno a uno, con sus compras. Estaban muy entusiasmados. Me dijeron que había sido difícil pagar las adquisiciones porque los comerciantes también deseaban donar cosas. Estábamos abrumados porque no podíamos introducir todas las cajas en la camioneta de la escuela. La directora se vio obligada a llamar a la administración central para solicitar un camión. Llenamos entonces el camión con más de dos mil dólares de mercancías. Luego nos reunimos todos en la parte de atrás del mismo para una foto, sosteniendo una banderola que decía, "Elk Grove se preocupa . . . ¡Feliz Navidad!".

Regresé al aula vacía, que unas pocas horas antes había estado llena de estudiantes animados y determinados. Pensé cuán satisfactorio había sido este proyecto y cuánto apoyo y motivación había recibido. Recuerdo haber permanecido allí en silencio, pensando: *Está bien, Dios, lo comprendo. Ahora sé por qué estoy en el aula.*

El lunes siguiente pedí a cada alumno que escribiera un párrafo acerca del proyecto Escudo del Desierto. Algunos manifestaron que deseaban comprometerse con la comunidad cuando fueran mayores. Otros señalaban cómo una persona puede causar un impacto extraordinario y uno de ellos dijo que era como las ondas que se forman cuando se arroja un guijarro en el agua.

Pero la respuesta que más me conmovió fue la de la estudiante que escribió: "Señora O´Brien, esta semana estaba a punto de suicidarme. Pero hice parte de uno de los comités y vi que era aceptada por los demás . . . gracias".

Sally K. O'Brien

No puedo creerlo

Nuestras vidas siempre serán plenas si nuestros corazones siempre están dando.

Anónimo

Después de treinta años de servicio en American Airlines, obtuve mi jubilación al cumplir cincuenta años. En aquel momento, por fin comencé a hacer con la última mitad de mi vida lo que Dios me tenía destinado: inspirar, motivar y crear *momentos especiales*.

En junio de 1995, me detuve en la gasolinera local donde suelo llenar el auto y donde ocasionalmente compro un billete de lotería. Millie estaba de servicio. Es una mujer amable y amorosa, que siempre tiene una sonrisa y una palabra bondadosa para todos. Aquella tarde bromeamos y reímos como lo habíamos hecho tantas veces antes. Bromeando, le dije que le daría mil dólares si me ganaba los diez millones de dólares del premio de la lotería. Millie me preguntó si no preferiría llevarla a almorzar a París, agregando que no se refería a París, Texas. Reímos mucho con esta broma. Mientras me alejaba, pensé qué interesante había sido esto; para mí "lotería" significaba diez millones de dólares, mientras que para Millie significaba almorzar en París. Millie no conocía mi conexión con las aerolíneas.

El 21 de diciembre me encontraba de nuevo en la gasolinera. Millie estaba de turno. Le entregué una tarjeta de Navidad y le pedí que la leyera. La abrió y comenzó a leer:

> *Querida Millie,*
>
> *El 17 de junio de 1995 me vendiste este billete de lotería (anexo). Pues bien, no gané los diez millones de dólares, pero tú sí. Elige la fecha que desees de 1996, haz tus maletas y prepara tu pasaporte para ir a almorzar a París. Es mi regalo para ti, por esforzarte para que todos los que entran en contacto contigo se sientan especiales. Gracias. Dios te bendiga y te deseo una muy feliz Navidad.*

Millie no podía contenerse. Parecía que saldría literalmente volando de aquel pequeño cubículo. Yo tampoco podía contenerme. En aquel momento, a nivel del alma, comprendí lo que significa crear momentos especiales para las personas que nos rodean.

Durante las últimas semanas he visto a Millie varias veces. Cada vez que llego a la gasolinera, su rostro se ilumina y se inclina para abrazarme y besarme por la puerta entreabierta. Ahora dice que todavía "no puede creerlo"; llamó a su madre, se lo contó a su jefe, etc. Pero lo que más me conmovió fue cuando Millie me dijo: "Mary Ann, en mi testamento dice que si muero antes de este almuerzo, mi voluntad es que mis cenizas se esparzan sobre París".

Mary Ann Dockins

Un ángel en el umbral

Sólo tengo serenidad de espíritu cuando en lugar de juzgar, perdono.

Gerald Jampolsky

Aquella mañana, cuando Ben llegó a entregar la leche en casa de mi prima, no era la misma persona alegre de siempre. Aquel hombre delgado, de mediana edad, no parecía estar con ánimo para conversar.

Estábamos a fines de noviembre de 1962, y me había mudado recientemente a Lawndale, California. Estaba feliz de ver que aún tenían el servicio de llevar la leche a las casas. Durante las semanas en las que mi esposo, mis hijos y yo nos habíamos hospedado con mi prima mientras buscábamos un lugar apropiado, había llegado a disfrutar del amable servicio de Ben.

Hoy, sin embargo, lucía como el epítome de la tristeza mientras descargaba las botellas de la canastilla de alambre. Me vi obligada a hacer un lento y cuidadoso interrogatorio para conseguir que me contara qué le había sucedido. Algo perturbado, me dijo que dos de sus clientes se habían marchado del pueblo sin pagar sus cuentas, y él tendría que responder por las pérdidas. Uno de ellos sólo debía diez dólares, pero el otro se había atrasado en setenta y nueve dólares y no había dejado una dirección donde pudiera ser ubicado. Ben estaba desolado por su estupidez al permitir que la cuenta se acumulara de esa manera.

"Era una bella mujer", dijo, "con seis niños y embarazada. Siempre decía: 'Te pagaré en cuanto mi esposo consiga un segundo empleo'. Yo le creí. ¡Qué tonto fui! Pensé que estaba obrando bien, pero he aprendido mi lección. ¡Fui estafado!".

Lo único que pude decir fue: "Lo siento mucho".

Cuando lo vi de nuevo su enojo parecía aún mayor. Echaba chispas mientras me contaba acerca de aquellos chicos alborotadores que se habían bebido la leche. La encantadora fa-milia se había convertido en una pandilla de malcriados.

Repetí cuánto lo sentía y no me referí nuevamente al tema. Pero en cuanto Ben partió me encontré atrapada en su problema y anhelaba ayudarlo. Preocupada de que este incidente pudiera amargar a una persona tan cálida, meditaba qué podría hacer. Luego, al recordar que pronto sería Navidad, pensé en algo que solía decir mi abuela: "Cuando alguien ha tomado algo tuyo, dáselo y así nunca podrán robarte".

Cuando Ben llegó al día siguiente a entregar la leche, le dije que sabía cómo se podía sentir mejor acerca del dinero que había perdido.

"Nada puede hacerme sentir mejor", dijo, "pero dígamelo de todas maneras".

"*Obséquiele* la leche a esa señora. Hágalo como un regalo de Navidad para esos niños que la necesitan."

"¿Está bromeando?", replicó. "Ni siquiera le compro un costoso regalo de Navidad a mi esposa."

"La Biblia dice: 'Yo era un extraño y me acogiste'. Piense

que acogió a esa mujer con sus niños."

"Ella no me acogió, me estafó. El problema es que no fue *usted* quien perdió los setenta y nueve dólares."

No proseguí con el asunto, pero aún creía que mi sugerencia era buena.

Bromeábamos al respecto cuando llegaba. "¿Ya le regaló la leche?", preguntaba.

"No", respondía, "pero estoy pensando en comprarle a mi esposa un regalo de setenta y nueve dólares, salvo que otra madre muy bella se aproveche de mi compasión".

Cada vez que le preguntaba, parecía alegrarse un poco.

Luego, seis días antes de la Navidad, sucedió. Llegó con una enorme sonrisa y un brillo especial en los ojos. "¡Lo hice! Le obsequié la leche como regalo de Navidad. No fue fácil, pero ¿qué podía perder? Ya había desaparecido, ¿verdad?"

"Sí", dije, compartiendo su alegría, "pero debe hacerlo de corazón".

"Lo sé", replicó. "Y así es. Realmente me siento mejor. Por eso me siento feliz por la Navidad. Aquellos niños tuvieron muchísima leche para sus cereales gracias a mí."

Las fiestas llegaron y pasaron. Una soleada mañana de enero, dos semanas más tarde, Ben llegó casi corriendo a la puerta. "Tiene que escuchar esto", dijo sonriendo.

Explicó que había tomado otra ruta, una que le correspondía a otro repartidor. Escuchó que lo llamaban por su nombre, se volvió y vio a una mujer que corría calle abajo, agitando un dinero en la mano. La reconoció de inmediato —era la bella mujer con todos los niños, la que no había pagado la cuenta. Llevaba un bebé en un pequeño cobertor.

"Ben, ¡espere un momento!", gritó. "Tengo su dinero."

Ben detuvo su vehículo y se apeó.

"Lo lamento mucho", dijo. "En verdad he querido pagarle." Explicó que al llegar su esposo a casa una noche les anunció que había hallado un apartamento más barato. Consiguió también un trabajo en las noches. Con todo lo que había sucedido, olvidó dejar su nueva dirección. "Pero he estado ahorrando", dijo. "Tome veinte dólares para abonar a la cuenta."

"No hay problema", respondió Ben. "Ya está pagada."

"¡Pagada!", exclamó. "¿Qué quiere decir? ¿Quién la pagó?"

"Yo lo hice."

Lo miró como si fuera el arcángel Gabriel y rompió a llorar.

"Bien", pregunté cuando Ben terminó de narrar la historia, "¿y qué hizo entonces?".

"No sabía qué hacer, entonces la abracé. Antes de que pudiera saber qué ocurría, yo también comencé a llorar, y no tenía la más remota idea de por qué lo estaba haciendo. Luego pensé en todos esos niños disfrutando de la leche en sus cereales y, ¿sabe qué? me alegré de que usted me hubiera persuadido de hacer esto."

"¿Y recibió los veinte dólares?"

"Desde luego que no", respondió indignado. "Ya le había obsequiado la leche como regalo de Navidad, ¿no es verdad?"

Shirley Bachelder

Santa Claus visita a Joan

La amistad multiplica las alegrías y divide las penas.

Thomas Fuller

Toda oficina tiene una Joan, o debería tenerla. Es aquella persona a quien todos acuden cuando la carga de trabajo se pone excesivamente pesada. Es quien siempre tiene algo que contar y ríe con facilidad. Para la fiesta de Navidad, ella es quien transforma la sala de conferencias esterilizada de nuestra compañía, año tras año, con manteles de lino, diminutos árboles de Navidad con lucecitas blancas, tazas de té, teteras y bandejas que trae de su casa.

Joan es también una sobreviviente de cáncer de mama, a quien diagnosticaron cáncer del pulmón a comienzos del año. Ha sido una época muy difícil para ella. Una y otra vez se ve confrontada con su mortalidad, y tiene un problema en la vista que no sólo ha complicado aún más su salud y bienestar, sino que la ha obligado a faltar muchos días al trabajo. Esto añade tensiones financieras a sus preocupaciones médicas. Así que, este año, en lugar de sortear papelitos para los obsequios de Navidad, hicimos una colecta para Joan. Durante la fiesta de Navidad le regalamos una serie de bonos de compra.

El problema de la vista de Joan ha sido una batalla diaria. En ocasiones, cuando era su turno de reemplazar a la recepcionista en el conmutador, Joan no podía distinguir los números con suficiente claridad para transferir la llamada a la extensión correcta. El médico le había prescrito lentes nuevos, pero no los había comprado porque no disponía de suficiente dinero. El primer bono de regalo era para otro par de lentes.

Vivimos en Minnesota; como los inviernos son extremadamente duros, las cuentas de la calefacción pueden ser enormes. Joan no sabía cómo se las arreglaría este año. El bono siguiente era para un abono a su cuenta de gas.

Por ser un paciente de cáncer, a Joan se le ha aconsejado que incluya más frutas frescas y vegetales en su dieta. Decidimos ayudarla a cuidar su cuerpo con un bono de la tienda de abarrotes.

Por último, le obsequiamos un bono para compras en un almacén local.

Joan aceptó nuestros regalos de buena gana, y nos agradeció por darle valor en estos momentos difíciles. Luego nos dijo que cuando tenía seis o siete años los niños de la escuela le habían dicho que Santa Claus no existía. Aquel año había pedido cosas que sus padres no podrían adquirir, sólo para probar al viejo Santa Claus. Su madre, decidida a que Joan creyera en él al menos por un año más, consiguió todos los regalos que aparecían en su lista.

Este año, dijo Joan, se sentía como en aquella Navidad. De nuevo podía creer que los sueños se hacen realidad. Fue nuestra mejor fiesta de Navidad.

Angela Barnett

Los ángeles del arca

Es mejor dar que recibir.

Bernard Gunther

Varios años atrás, Iris Arc Crystal, una compañía que fundé junto con Francesca Patruno, experimentó un receso en los negocios. Acabábamos de contratar a varios empleados nuevos y esperábamos que se tratara de una situación transitoria. Sin embargo, sólo teníamos suficiente trabajo para ocuparlos durante cuatro días de la semana. Entonces, en lugar de despedir al veinte por ciento de nuestra fuerza laboral, o de enviarlos a casa por todo un día, decidimos mantenerlos a todos en nómina durante toda la semana. Trabajarían de lunes a jueves en la compañía y los viernes se dedicarían a proyectos de servicio a nuestra comunidad de Santa Bárbara.

Recuerdo haber llamado a varias agencias de servicios para averiguar en qué podíamos colaborar. Nos dividimos en tres grupos y acudíamos a los lugares donde las agencias nos informaban que éramos más necesarios. La primera semana, el grupo al que yo pertenecía fue a la casa de un caballero ucraniano muy anciano, para hacer una limpieza general de su casa y su jardín.

Cuando llegamos, una mujer mayor nos recibió en la puerta. Pensamos que era su esposa, pero resultó ser su hija. Tenía setenta y cinco años, y su padre noventa y siete. Nos dijo qué necesitaban y procedimos a asear la casa desde el piso hasta el techo, y a limpiar también el jardín. Es sorprendente cuánto puede hacer un grupo cuando todos trabajan juntos y sirven a alguien que realmente necesita de su ayuda. La casa de aquella familia pasó de ser un lugar sucio y desapacible a convertirse en un palacio que brillaba cuando terminamos la limpieza al final del día.

No obstante, lo que más recuerdo de aquel día no fue el gran trabajo que hicimos, sino algo por completo diferente. Cuando entramos a la casa advertí los maravillosos dibujos en tinta que adornaban todas las habitaciones. Pregunté a la hija quién los había hecho. Dijo que eran de su padre, ¡pero que sólo se había dedicado al arte a los ochenta años! Quedé atónito; aquellos dibujos eran obras de arte que bien podrían haber estado colgadas en un museo. Por aquella época yo tenía un poco más de treinta años y deseaba hacer algo donde pudiera usar mejor mis habilidades creativas y artísticas que siendo presidente de una empresa de artículos de regalos. Sentía que sería demasiado difícil cambiar en esta "avanzada" etapa de mi vida. ¡Cuánto se amplió mi limitado sistema de creencias aquella tarde!

Continuamos colaborando con los proyectos de ayuda comunitaria en el pueblo por algunas semanas más; pintamos toda la casa de una familia e instalamos un enorme estrado en una academia de equitación para niños con problemas físicos. Nos divertimos e hicimos mucho bien. Por alguna razón terminamos con el apodo de "Los ángeles del arca". La agradable sensación que nos producía ayudar a otras personas, además de la que compartíamos trabajando para una compañía que se preocupaba por sus empleados y por la comunidad, creó una atmósfera de trabajo que nos hacía sentir dichosos por formar parte de ella.

Jonathan Wygant

La gente primero

Forrest King no podía creer lo que veía. Decenas de empleados de Federal Express aplaudían cuando él y su esposa comenzaron a bajar del avión Boeing 747 que había alquilado. King viajó a Memphis con otros empleados de Flying Tiger, cuya compañía había sido adquirida recientemente por Federal Express, para averiguar si le interesaría trasladar su domicilio a esa ciudad. La bienvenida, con alfombra roja y un comité de recepción que incluía al alcalde de Memphis y al presidente ejecutivo de Federal Express, fue la presentación de King a esta compañía poco común.

Según King: "Me parece que cuando una compañía adquiere a otra, en primer lugar no están obligados a darle a uno empleo. Pero a todos —como se comunicó en un memorando y luego a través de un vídeo— nos fue ofrecido un empleo".

El estilo gerencial "la gente primero" del presidente ejecutivo Fred Smith, puede resumirse en uno de los lemas de Federal Express: "Personas, Servicio, Utilidades". "Cuiden de nuestra gente; ella, a su vez, brindará el impecable servicio exigido por nuestros clientes, quienes nos recompensarán con las utilidades necesarias para asegurar nuestro futuro."

Y Federal Express en realidad cuida de su gente. Cuando el programa Zapmail de la compañía se cerró en 1986, los 1300 empleados que habían trabajado en esa sección tuvieron la primera prioridad en las solicitudes internas de empleo. Aquellos empleados que no pudieran conseguir cargos con salarios equivalentes podían aceptar cargos con menor remuneración, y conservar su antiguo salario por quince meses o hasta encontrar otro cargo mejor remunerado.

Y cuando Federal Express discontinuó gran parte del servicio que prestaba en Europa y redujo su fuerza laboral europea de 9200 a 2600 personas, la compañía fue elogiada por *The London Times*, entre otros, por la manera como se llevaron a cabo los despidos. Federal Express se encargó, por ejemplo, de publicar avisos de página entera en varios diarios, instando a otras compañías a contratar a los empleados que perderían su trabajo. Sólo en Bélgica, 80 compañías respondieron al aviso con un total de 600 ofertas de trabajo.

Los empleados de Federal Express son solidarios en momentos difíciles.

Robert Levering, Milton Moskowitz
y Michael Katz

"Gracias por creer que estoy bien"

El auténtico acto de descubrimiento no consiste en encontrar nuevos territorios, sino en ver con nuevos ojos.

Marcel Proust

Como joven trabajadora social en una clínica psiquiátrica de la ciudad de Nueva York, se me pidió que visitara a Roz, una mujer de veinte años que nos había sido remitida de otra institución psiquiátrica. Era una remisión poco habitual porque no habíamos recibido ninguna información previa. Se me dijo que me dejara llevar por mi intuición, y que tratara de averiguar cuáles eran sus problemas y qué necesitaba.

Sin un diagnóstico en el cual basarme, vi a Roz como una joven triste e incomprendida, a quien no se había escuchado en la terapia anterior. Su situación familiar no era buena. No la vi perturbada, sino más bien solitaria e incomprendida. ¡Respondió de una manera tan positiva cuando vio que alguien la escuchaba! Trabajé con ella para que iniciara una vida que valiera la pena —que encontrara un empleo, un lugar agradable para vivir y entablara nuevas relaciones. Nos llevamos bien y empezó a introducir importantes cambios en su vida desde ese mismo momento.

Los archivos de la institución psiquiátrica anterior llegaron un mes después de que Roz y yo habíamos iniciado nuestro trabajo juntas. Para mi sorpresa, su archivo era enorme y contenía registros de varias hospitalizaciones. Su diagnóstico era "esquizofrenia paranoica" y comentaban que era un "caso perdido".

Ésa no había sido mi experiencia con Roz en absoluto. Decidí olvidarme de aquellos papeles. Nunca la traté como si fuera un "caso perdido". (Fue una lección para mí aprender a poner en duda el valor y la certeza de los diagnósticos.) Sí llegué a enterarme de los horrores que había padecido durante aquellas hospitalizaciones, durante las cuales se vio sometida a fuerte medicación, aislamiento y abusos. También aprendí muchísimo de ella acerca de cómo sobrevivir a tan traumáticas circunstancias.

Roz primero encontró un empleo, y luego un lugar para vivir alejada de su difícil familia. Después de varios meses de trabajar juntas, me presentó a su futuro esposo, un exitoso hombre de negocios que la adoraba.

Cuando terminamos la terapia, me regaló un marcalibros de plata, con una nota que decía: "Gracias por creer que estaba bien".

Siempre llevo esta nota conmigo y lo haré durante toda mi vida, para recordar la posición que debo adoptar en favor de la gente, gracias al triunfo de una valiente mujer sobre un diagnóstico de "caso perdido".

Judy Tatelbaum

Un acto de bondad

*El amor cura a las personas, tanto a las que lo
dan como a las que lo reciben.*

Dr. Karl Menninger

El gerente de una prestigiosa compañía de seguros me
estaba entrevistando. Le dije sinceramente que la razón
por la cual deseaba vincularme a la compañía era que
necesitaba mantener a mi familia en Boston. Mi esposa,
con quien habíamos estado casados durante veintiséis
años, había muerto recientemente de un infarto. Un
empleo en Boston me ayudaría a mitigar en alguna
medida el trauma y el dolor que experimentaba mi hija de
dieciséis años. Era importante para mí que permaneciera
en la escuela en la que se encontraba.

En esos momentos todavía no podía hablar de la pérdida de mi esposa. Bruce, el entrevistador, se mostró
cortés y comprensivo, pero no ahondó en ello. Lamentó
mi pérdida y, con gran respeto, pasó a otro tema.

Después de la siguiente ronda de entrevistas, Bruce me
invitó a almorzar con otro gerente. Luego me pidió que
camináramos juntos un poco. Me dijo que él también

había perdido a su esposa, que también había estado casado durante veinte años y tenía tres hijos. Al compartir conmigo, me di cuenta de que había experimentado el mismo dolor que yo —un dolor casi imposible de explicar a quien no haya perdido a un ser querido. Me dio su tarjeta de negocios y el teléfono de su casa, y sugirió que si necesitaba ayuda o sólo deseaba hablar con alguien, me sintiera en libertad de llamarlo. Tanto si obtenía el empleo como si no lo hacía, deseaba decirme que estaría allí si necesitaba ayuda.

Con aquel acto de bondad, cuando no sabía aún si nos veíamos de nuevo, ayudó a mi familia a superar una de las mayores pérdidas de la vida. Convirtió el proceso normalmente frío de la entrevista de negocios en un acto de apoyo y de solicitud por otra persona que atravesaba un momento de gran necesidad.

Mike Teeley

Una palabra bondadosa

Estamos aquí para ayudarnos los unos a los otros en el trayecto de la vida.

William J. Bennett

En enero de 1986 estaba cambiando los canales de la televisión cuando vi los créditos finales de una transmisión de PBS llamada "Funny Business", un programa sobre las tiras cómicas. Siempre había deseado hacer tiras cómicas, pero nunca supe cómo hacerlo. Escribí al presentador del programa, el humorista Jack Cassady, y le pedí su consejo sobre cómo entrar en la profesión.

Pocas semanas después recibí una animosa carta suya, donde respondía a todas mis preguntas específicas acerca de los materiales y el proceso. Proseguía advirtiendo que era probable que en un principio me rechazaran, y me aconsejaba no desanimarme si esto ocurría. Decía que las muestras que yo le había enviado eran buenas y dignas de publicar.

Lleno de entusiasmo al comprender por fin cómo funcionaba el proceso, envié mis mejores caricaturas a *Playboy* y a *The New Yorker*. Estas revistas pronto rechazaron mi material con frías cartas fotocopiadas. Desanimado, guardé mi material de arte en una alacena y decidí olvidarme de este asunto.

En junio de 1987 —inesperadamente— recibí una segunda carta de Jack Cassady. Fue una sorpresa, pues ni siquiera le había agradecido sus primeros consejos. La carta decía lo siguiente:

> *Apreciado Scott:*
>
> *Estaba revisando mi archivo de correo de "Funny Business" cuando encontré su carta y copias de sus caricaturas. Recuerdo haber contestado a su carta.*
>
> *La razón por la cual le mando esta nota es para animarlo de nuevo a que envíe sus ideas a varias publicaciones. Espero que ya lo haya hecho y que esté en camino de ganar algunos pesos y también de divertirse.*
>
> *En ocasiones es difícil obtener apoyo en el negocio del humor gráfico. Por eso lo estoy animando para que prosiga y continúe dibujando.*
>
> *Le deseo muchísima suerte, ventas y buenos dibujos.*
>
> *Sinceramente,*
> *Jack*

Me conmovió profundamente su carta, en especial, creo, porque Jack no tenía nada que ganar —ni siquiera mi agradecimiento, a juzgar por lo que había ocurrido antes. La carta me dio nuevos ánimos; busqué otra vez mi material de arte y dibujé en tinta las tiras cómicas de muestra que eventualmente se convirtieron en "Dilbert". Ahora, setecientos periódicos y seis libros después, las cosas marchan bastante bien en Dilbertville.

Estoy seguro de que no habría intentado ser caricaturista otra vez si Jack no me hubiera enviado su segunda carta. Con una palabra bondadosa y un sello de correo, él inició una cadena de acontecimientos que ahora llegan hasta usted. A medida que "Dilbert" tuvo más éxito, llegué a apreciar mejor la enorme dimensión del sencillo acto de bondad de Jack. En una oportunidad tuve ocasión de agradecérselo, pero nunca pude deshacerme de la sensación de haber recibido un regalo que era imposible devolver adecuadamente. De alguna manera, los agradecimientos no eran suficientes.

Con el transcurso del tiempo he llegado a comprender que algunos regalos están hechos para ser transmitidos a otros y no devueltos. Todos conocemos a alguien que se beneficiaría con una palabra bondadosa. Los estoy instando a que lo hagan. Para que su impacto sea mayor, háganlo por escrito. Y háganlo por alguien que sepa que usted no tiene nada que ganar.

Aunque es importante apoyar a la familia y a los amigos, su felicidad y la nuestra son inseparables. Por eso, para mayor celeridad, le sugiero que anime a alguien que no pueda devolver el favor —es una distinción que el beneficiario apreciará.

Y recuerde que no hay un acto de bondad pequeño. Todo acto genera una onda que no tiene fin.

Scott Adams (creador de "Dilbert")
Presentado por Andrew Shalit

El policía más joven de Arizona

La compasión es la ley suprema de la existencia humana.

Fedor Dostoievski

Tommy Austin tenía una reputación. En su mundo, la mentira era algo rutinario. Todos tenían una excusa y un punto de vista. Tommy era agente de aduana en Arizona. Tenía que ser inteligente y duro —Tommy era ambas cosas.

Chris era un delgado niño de siete años, hospitalizado por leucemia. Veía un mundo más sencillo. Sus héroes eran Pancho y John, ambos policías con motocicletas que corrían por las autopistas de la televisión y hacían que pasaran cosas buenas. Chris deseaba ser uno de ellos.

La madre de Chris, Linda, era una madre soltera que se había mudado a Phoenix con la esperanza de encontrar una nueva y mejor vida. La baraja era nueva, pero el juego fue peor.

Una noche, cuando Tommy visitaba a un amigo en el hospital donde se encontraba Chris, éste lo tomó por sorpresa con un "Manos arriba. Soy policía. Está arrestado". Como se estila con los chicos, Tommy le siguió el juego. Y como hacen los chicos, Chris le dio a cambio imaginación, inocencia y confianza. Tommy deseaba obsequiarle algo, porque sabía que este débil chico nunca llegaría a ser el policía que soñaba, y encontró una manera de hacer del chico un policía. Buscó la colaboración de un par de patrulleros, Scott y Frank, algunas amigas, su jefe y el comandante del Departamento de Seguridad Pública de Arizona.

El primer día, Chris viajó en una verdadera patrulla y encendió la sirena. Voló en un helicóptero de la policía. Condujo su moto de policía en miniatura y ganó sus "alas". Recibió una mención como "el primer y único oficial de policía de siete años de Arizona". Dos mujeres permanecieron despiertas toda la noche confeccionando el uniforme. Chris vivió su sueño durante tres maravillosos días de gloria y amor.

Al cuarto día, Chris le pidió a su madre que le llevara su uniforme al hospital. Scott y Frank le sujetaron las "alas" y, aquel día, Chris murió. Hubo quienes pensaron que la leucemia había cobrado otra trágica víctima infantil, pero quien murió aquel día fue un "oficial de policía".

Cuando Linda lo llevó de regreso a la costa este para el funeral, el cuerpo fue acompañado por la Patrulla de Autopistas de Arizona. "Nosotros enterramos a nuestros hermanos", dijeron. Y Chris tuvo el funeral de un policía.

Una cita de Lowell nos dice: "No es lo que damos, sino lo que compartimos". Tommy, los patrulleros Scott y Frank, la madre de Chris, Linda, y más de 11.000 voluntarios en 82 capítulos han compartido el obsequio de Chris. La Fundación Make-A-Wish, organizada en la cocina de su desolada madre, ha concedido más de 37.000 deseos a niños con enfermedades terminales desde 1980. A nivel internacional, más de 3000 niños se han beneficiado con el legado del "primer y único oficial de policía de siete años de Arizona".

Michael Cody

3

EL PODER DEL RECONOCIMIENTO

Si la única oración que rezamos en toda la vida es "Gracias", es suficiente.

Meister Eckhart

La historia de la ballena

Celebren todo aquello que quisieran que abundara.

Tom Peters

¿Nunca se han preguntado cómo consiguen los entrenadores del Sea World, que Shamu, la ballena de 7 toneladas, salte 5 metros sobre el agua y haga sus trucos? Logran que ella salte una distancia que la mayoría de nosotros no somos capaces de imaginar. Es un gran reto —tan grande como el que nosotros enfrentamos como padres, entrenadores o gerentes.

¿Se pueden imaginar cuál sería el enfoque típico que un gerente tendría ante una situación como ésta? Lo primero que haríamos sería colocar el lazo a los 5 metros —no tiene sentido celebrar deficiencias. A eso lo llamamos establecer objetivos o planeación estratégica. Una vez definido el objetivo con claridad, inventaríamos algo para motivar a la ballena, así que tomaríamos un balde lleno de pescado y lo colocaríamos justo encima del lazo —no hay que pagarle a la ballena a menos que produzca lo que se desea. Luego tendríamos que dirigir. Nos inclinaríamos desde

nuestra ubicación alta y seca, y diríamos: "¡Salta, ballena!".
Y la ballena permanecería donde está.

Entonces, ¿cómo lo logran los entrenadores del Sea
World? Su primera prioridad es reforzar el comportamiento que quieren que se repita —en este caso, conseguir que la ballena salte por encima del lazo. Influyen
sobre el ambiente de todas las maneras posibles para que
apoye el principio de asegurar que la *ballena no pueda fallar*.
Comienzan con el lazo debajo de la superficie del agua, en
una posición en la cual la ballena sólo puede hacer lo que
se espera de ella. Cada vez que la ballena salta el lazo,
obtiene un refuerzo positivo. La alimentan con pescado, la
acarician, juegan con ella y, lo más importante, obtiene ese
refuerzo.

Pero ¿qué sucede cuando la ballena pasa *debajo* del
lazo? Nada —no hay choques eléctricos, ni crítica cons-
tructiva, ni retroalimentación desarrollista ni advertencias
en su archivo personal. A las ballenas se les enseña que su
comportamiento negativo no será reconocido.

El refuerzo positivo es la piedra angular de aquel sencillo principio que produce tan espectaculares resultados.
Y cuando la ballena comienza a pasar por encima del lazo
con mayor frecuencia que por debajo, los entrenadores
comienzan a subir el lazo. Esto debe hacerse con suficiente lentitud para que la ballena no muera de hambre,
física o emocionalmente.

La sencilla lección que debe sacarse del adiestramiento
de la ballena es que se debe *celebrar exageradamente*. Dar
mucha importancia a lo bueno y a las cosas pequeñas que
deseamos consistentemente. En segundo lugar, *criticar lo
menos posible*. La gente sabe cuándo hace algo mal. Lo que
necesitan es ayuda. Si limitamos nuestras críticas, y cas-
tigamos o disciplinamos menos de lo que se espera, la persona no olvidará el hecho y, por lo general, no lo repetirá.

En mi opinión, en la actualidad los negocios más

exitosos hacen las cosas correctamente más de un 95% de las veces. Sin embargo, ¿a qué dedicamos la mayor parte del tiempo? A dar retroalimentación al 2, 3, 4 o incluso 5% de las cosas que no deseamos que se repitan y que, en primer lugar, no quisimos que ocurrieran.

Debemos establecer las condiciones necesarias para que las personas no puedan fallar. Alabar exageradamente, no criticar . . . y saber qué tan alto debe elevarse el lazo.

Charles A. Coonradt

Riqueza sin medida

El mayor bien que se puede hacer a alguien no es sólo compartir nuestra riqueza, sino revelarle sus propias riquezas.

Benjamin Disraeli

Hoy me siento inconmensurablemente rica. Lo que comenzó como una nueva idea para celebrar las fiestas de fin de año en mi departamento, se ha convertido en una experiencia conmovedora y enriquecedora.

Estaba cansada de las celebraciones donde se saca un nombre al azar y se compra un regalo poco costoso, así que propuse que intentáramos algo diferente. "¿Qué les parece regalarnos un obsequio de reconocimiento?", pregunté. Todos estuvieron de acuerdo, e incluso se mostraron entusiasmados. Pocos días antes de Navidad, seis de nosotros nos reunimos en mi oficina. Para comenzar, pedí que todos respetáramos algunas reglas básicas. La persona cuyo turno de ser reconocida hubiera llegado, sólo podía decir "Gracias". Señalé también que podría ser natural sentirse incómodo al dar y recibir reconocimiento, pero si algunas personas realmente se sentían molestas, podían pedir que su reconocimiento se hiciera en privado. Los silencios y las pausas se considerarían como algo natural. Parecía probable que sólo fueran oportunidades para permitir que las cosas buenas llegaran más profundo.

Cuando comenzamos nuestro proceso me di cuenta que las tribus y comunidades que transmiten su cultura a través de relatos son pueblos muy sabios. Sin duda, quien habla narra una historia que ilustra el reconocimiento que desea hacer.

Cada uno de nosotros comenzamos nuestra comunicación diciendo a nuestro colega: "(Nombre), el regalo que tú me das es . . .". Mientras cada miembro del grupo se dirigía a la persona que era objeto de reconocimiento, comencé a ver aspectos de mis colegas de los que no era consciente. Uno de los hombres del grupo reconoció a otro por el estado de gracia que irradiaba. Otro dijo: "Descanso tranquilo sabiendo que eres tú quien ocupa este cargo". Otros de los comentarios incluían: "Me obsequias tu paciencia", "Tú me escuchas", "Desde que te conocí supe que éste era el lugar para mí", etc. Fue un privilegio estar allí.

El espíritu y la relación que compartimos durante aquellos sesenta minutos fueron más grandes que nosotros. Cuando terminamos, nadie quería hablar; no deseábamos romper el hechizo. Había sido tejido con verdades sentidas, auténticas, sencillas que habíamos compartido unos con otros. Todos nos sentimos más humildes y enriquecidos por ello.

Creo que siempre atesoraremos los regalos que aquel día nos dimos. Sé que mis reconocimientos son invaluables para mí. No nos costó nada, aparte de la disposición de apreciar lo que los demás nos dan y decirlo en voz alta.

Christine Barnes

Gerencia desde el corazón

Escucha y compréndeme. Aunque no estés de acuerdo, por favor no me ofendas. Reconoce la grandeza que hay dentro de mí. Recuerda buscar mis amorosas intenciones. Dime la verdad con compasión.

Hyler Bracey, Jack Rosenblum,
Aubrey Sanford y Roy Trueblood

Una dama llamada Lill

Las palabras bondadosas pueden ser breves
y fáciles de decir, pero sus resonancias son
verdaderamente infinitas.

Madre Teresa

Lillian era una joven del Canadá francés que creció en una comunidad agraria de River Canard, Ontario. A la edad de dieciséis años su padre pensó que "Lill" ya había tenido suficiente educación, y se vio obligada a dejar la escuela para contribuir a los ingresos familiares. En 1922, con el inglés como su segunda lengua y una educación y habilidades limitadas, el futuro de Lill no parecía muy promisorio.

Su padre, Eugene Bezaire, era un hombre adusto que rara vez aceptaba un no por respuesta y jamás admitía excusas. Exigió que Lill encontrara un empleo. Pero sus limitaciones le daban poca confianza en sí misma y una baja autoestima, y no sabía en qué trabajo podría desempeñarse.

Con pocas esperanzas de obtener empleo, viajaba en autobús todos los días a las "grandes ciudades" de

Windsor o Detroit. Pero no conseguía reunir el valor suficiente para responder a los avisos de "Se solicita empleado", y ni siquiera para llamar a una puerta. Cada día viajaba a la ciudad, caminaba sin rumbo fijo y regresaba a casa al atardecer. Su padre le preguntaba: "¿Tuviste alguna suerte hoy, Lill?".

"No . . . no tuve suerte hoy, papá", respondía mansamente.

A medida que los días pasaban, Lill continuaba viajando y su padre preguntando acerca de su búsqueda de empleo. Las preguntas se hacían cada vez más insistentes, y Lill sabía que pronto se vería obligada a llamar a una puerta.

En uno de sus viajes, Lill vio un aviso en la compañía Carhartt Overall, en el centro de Detroit: "SE SOLICITA SECRETARIA".

Subió las largas escaleras hasta llegar a las oficinas de la compañía. Con cautela, Lill llamó a la primera puerta. La recibió la gerente, Margaret Costello. En su precario inglés, Lill le dijo que estaba interesada en el empleo de secretaria, y afirmó, falsamente, que tenía diecinueve años. Margaret sabía que algo no estaba claro, pero decidió darle una oportunidad a la joven.

Guió a Lill por la vieja oficina de la compañía Carhartt. Al ver a tantas personas sentadas frente a sus máquinas de escribir y calculadoras, Lill sentía como si cien ojos estuvieran puestos sobre ella. Con la barbilla en el pecho y los ojos bajos, la reticente campesina siguió a Margaret hasta el fondo del sombrío salón. Margaret la sentó frente a una máquina de escribir y dijo: "Lill, veamos qué tan buena eres realmente".

Le pidió que escribiera una carta y se marchó. Lill miró el reloj y vio que eran las 11:40 de la mañana. Todos saldrían a almorzar al mediodía. Pensó que podría mezclarse con la muchedumbre y salir entonces. Pero sabía que debía tratar, al menos, de escribir la carta.

En su primer intento terminó una línea. Tenía cinco palabras y había cometido cuatro errores. Sacó el papel y lo botó. Ahora eran las 11:45. "Al mediodía", se dijo a sí misma, "me mezclo con la muchedumbre y jamás me volverán a ver".

En su segundo intento, Lill terminó un párrafo completo pero cometió muchos más errores. De nuevo sacó el papel, lo botó y comenzó por tercera vez. En esta ocasión terminó la carta, pero su trabajo todavía estaba lleno de errores. Miró el reloj: 11:55 —cinco minutos para la liberación.

En ese preciso instante se abrió una puerta en un extremo de la oficina, y Margaret entró. Se dirigió directamente a Lill. Puso una mano sobre el escritorio y la otra en el hombro de la joven. Leyó la carta y luego dijo: "Lill, ¡tu trabajo está muy bien!".

Lill se quedó atónita. Miró la carta y después a Margaret. Con aquellas sencillas palabras de ánimo, su deseo de escapar desapareció y su confianza comenzó a crecer. Pensó: "Bueno, si ella cree que está bien, debe ser cierto. ¡Creo que me quedaré!".

En efecto, Lill se quedó en la compañía Carhartt Overall . . . por 51 años, durante dos guerras mundiales y la Depresión, once presidentes y seis primeros ministros —todo porque alguien tuvo la visión de darle a una joven tímida e insegura el don de la autoestima cuando golpeó a su puerta.

Dedicado a Lillian Kennedy por James M. Kennedy (hijo)
y James C. Kennedy (nieto)

"¡Su trabajo es reconocido!"

Caerán peniques del cielo para ti y para mí.

John Burke

Todo comenzó en Everett, Washington, donde el equipo de mi proyecto estaba poniendo en práctica uno de nuestros sistemas comerciales. Una mañana, cuando caminaba por el estacionamiento con uno de mis empleados, encontré un penique y lo tomé. Bromeando, le di el penique al empleado, diciendo: "Éste es un premio discrecional por sus esfuerzos". Puso el penique en su bolsillo. "Gracias", respondió.

Cerca de seis meses después caminaba con aquel mismo empleado, esta vez en Los Alamitos, California, cuando de nuevo encontré un penique y se lo di.

Luego tuve ocasión de entrar a su oficina y allí, pegados sobre un papel, estaban los dos peniques. Dijo que los exhibía como reconocimiento por su buen trabajo.

Otros empleados advirtieron los peniques orgullosamente exhibidos y comenzaron a preguntar por qué no habían recibido ninguno. Así que comencé a repartir peniques, explicando que eran un reconocimiento, no una recompensa. Pronto hubo tanta gente que deseaba tener un penique que diseñé un aparato para exhibirlos. Al frente hay un lugar para colocar un penique y al lado la frase, "¡Su trabajo es reconocido!". En la parte de atrás tiene un espacio para colocar treinta peniques más, y la frase: "¡Sus logros cuentan!".

Un día vi a una empleada que desempeñaba muy bien su trabajo y quise reconocerlo, pero no tenía un penique, así que le di una moneda de veinticinco centavos. Más tarde se me acercó a devolver los veinticuatro restantes.

Fue así como nació el "Prestigioso Premio del Penique", que se ha convertido en una importante fuente de reconocimiento en nuestra compañía.

Gary Hruska

Dos bananas maduras

Tómese el tiempo de apreciar las maravillas de la vida.

Gary W. Fenchuk

Pat Beck es una artista que trabaja con barro. Más precisamente, con adobe —una mezcla de barro y paja con la que esculpe encantadoras figuras de primitiva elegancia. Como muchos artistas, vive del aire o, en su caso, del barro, complementando ocasionalmente sus ingresos con otros trabajos.

En 1994, ella y una de sus amigas, Holly, fueron contratadas para colaborar en un proyecto comunitario en el pequeño pueblo de Magdalena, Nuevo México, una comunidad en las montañas Gallinas, al borde de la gran llanura de San Agustín. Aunque una vez fue un centro minero y ferroviario, la población de Magdalena se ha reducido ahora a cerca de mil habitantes.

Pat y Holly recibieron un pequeño terreno cerca de las ruinas de los establos, vestigio de la época dorada de Magdalena como centro ganadero, para comenzar su proyecto. Con la ayuda de la comunidad Holly fabricó dos grandes vacas y un vaquero. Fueron hechos íntegramente con objetos encontrados, como viejos pedazos de vagones, alambre usado donado por los granjeros vecinos, e incluso un oxidado barril de escopeta desenterrado de un jardín. Pat les enseñó a los estudiantes de secundaria a fabricar ladrillos de adobe y, con ellos, Pat y la comunidad hicieron un muro. Los niños de la escuela primaria fueron invitados a moldear sus propias figuras de barro, que se utilizaron como decoraciones en relieve.

A medida que el muro empezó a tomar forma, muchos de los adultos y de los niños se detenían a ver cómo progresaba, y se les invitaba a poner las huellas de las manos, sus marcas o iniciales en el muro. Como toque final, se recogieron colores hechos con tierra de la reserva Navajo, que había desempeñado un importante papel en la historia de la región, y se añadieron al muro. En total, en el proyecto participaron más de trescientas personas.

Uno de los visitantes cotidianos de Pat era Gene, un minero retirado. Casi todos los días traía algo para ayudarla a comprender los días gloriosos de la minería —una foto, muestras de mineral de la mina, un viejo artículo del periódico.

Un día, cuando el muro estaba casi terminado, Gene acudió a su visita acostumbrada. En un momento de inspiración, Pat esculpió el rostro del minero en el muro. Gene le había dado un pedazo de mineral brillante, que Pat utilizó para fabricar la linterna del casco del minero. Cuando terminó, escribió el nombre de Gene debajo de su escultura. Ambos retrocedieron para admirar su creación. Luego, sin decir palabra, Gene se dio vuelta y se marchó. Pat no sabía si se había ofendido por alguna razón, pero diez minutos más tarde regresó con dos bananas maduras. Sin decir palabra, las puso en el muro donde ella estaba trabajando y se marchó.

Pat ha recibido muchos tributos por su obra, y

continuará recibiéndolos. Pero dudo que haya alguno más significativo que aquellas dos bananas maduras.

Maida Rogerson

El álbum

La vida debe ser fortalecida por muchas amistades. Amar y ser amado es la felicidad más grande.

Sydney Smith

Enseñar inglés en el Japón me ha producido increíbles satisfacciones. Vine en busca de aventuras, viajes y un poco de descanso. De manera milagrosa, he conseguido todo eso y más. Viajé por la isla principal de Honshu, llené cinco diarios, leí más de sesenta libros, escribí cuatro cuentos cortos e hice amistad con profesores y académicos de todas partes del mundo. También he podido recibir y he tenido la oportunidad de dar.

Pero mi corazón está con mis estudiantes —hombres de negocios que esperan ser trasladados a los Estados Unidos, amas de casa que desean ampliar sus horizontes, estudiantes de secundaria cuyo mayor deseo es ingresar a una universidad en Norteamérica.

En el transcurso del año que he estado enseñando, muchas veces me pregunté quién era el alumno y quién el maestro. Los estudiantes me alimentaron, me consolaron y me ayudaron a comprender mejor la cultura japonesa. Me aplaudieron cuando luchaba con mis primeras letras de *hiragana*. Me acompañaron de tienda en tienda, buscando durante tres meses mantequilla de maní. Me enseñaron a doblar papeles para hacer un cisne en *origami*, y me llevaron a pasear en bote por el río. Me invitaron a las tradicionales ceremonias del té, y para *omisoka*, el Nuevo Año japonés, me acogieron en sus hogares donde prepararon cenas en mi honor. También me llevaron al templo y me enseñaron cómo seleccionar una suerte; luego se apiñaron a mi alrededor, gritando: "¡Usted tiene mucha buena suerte! ¡Usted grande suerte!".

Durante las últimas semanas, mientras hago los preparativos para regresar a casa, me he visto abrumada por fiestas de *sayonara* y obsequios. Muchos estudiantes me han inundado con regalos: bolsos de seda tejidos a mano, joyeros, pañuelos de marca, aretes de jade y platos de porcelana con borde de oro. Hemos cantado hasta enronquecer con el *karaoke*, nos hemos abrazado, nos hemos tomado de las manos e intercambiado mil adioses. Y he conseguido, en medio de todo esto, mantener mis emociones bajo control. He permitido que *ellos* lloraran mientras yo los consolaba con promesas de escribir.

Hoy es mi último día de clases y lo termino de la mejor manera, con mi curso predilecto. Son los estudiantes avanzados; en el transcurso de este año hemos entablado discusiones políticas, hemos aprendido expresiones de uso cotidiano, hemos desempeñado roles y hasta hicimos algo poco común entre culturas diferentes —hemos reído con las bromas de los otros.

Mientras preparo esta última clase, Mika, el administrador de la escuela, me llama al recibo principal. Al entrar, veo al personal y a varios estudiantes reunidos, con las manos unidas en ávida anticipación. Todos los ojos están puestos en mí, porque Mika tiene un último obsequio.

Desenvuelvo con cuidado el papel, pues la presentación del regalo es tan importante como el regalo mismo. El papel se desliza lentamente y veo que me ha dado un álbum. Me dice que lo preparó apenas la noche anterior, después de semanas de trabajar con los estudiantes. Veo sus ojos enrojecidos. Lo abro.

Las páginas están llenas de fotografías recientes de todos mis estudiantes. Al lado de la foto hay notas personales escritas por ellos en pequeños papeles de colores. Han decorado los papeles con corazones, sonrisas, pequeñas caras de gato y líneas, estrellas, puntos y triángulos de colores fosforescentes.

Sé el esfuerzo que representa para mis estudiantes construir frases sencillas y, mientras leo, la represa de emociones que he contenido comienza a desmoronarse.

Gracias por su amable enseñar.
Tuve clase interesante. Ahora tal vez un día voy a América.
Yo soy olvido para usted.
He disfrutado estudiar inglés.
Gracias por todo lo que me hizo. Estoy triste que usted se vaya a América.
Por favor no olvide recuerdos en Japón.

Rompí a llorar. Busco las palabras que fluyeron con tanta facilidad durante el último año. Mis manos tocan delicadamente las páginas y delineo sus rostros con la yema de los dedos. Cierro la tapa y abrazo el libro, apretándolo con fuerza contra mi corazón.

El álbum los ha capturado para siempre. Aunque yo me vaya, me llevo a cada uno de ellos conmigo, a América.

Gina Maria Jerome

Un entrenador con alma

El tamaño de nuestro cuerpo tiene poca importancia; el tamaño de nuestro cerebro tiene mucha; el tamaño de nuestro corazón es lo más importante de todo.

B.C. Forbes

A fines de 1960 en Cincinnati, Ohio, había un niño que deseaba pertenecer al equipo de fútbol americano de su escuela. El peso mínimo requerido era de 26 kilos. El niño se esforzaba por ganar los kilos necesarios. El entrenador sabía cuánto deseaba él hacer parte del equipo, así que lo animaba a ganar peso con bananas y leches malteadas. Cuando finalmente llegó a los 25 kilos y medio, se le concedió el beneficio de la duda e ingresó como suplente del equipo.

Durante la temporada el entrenador lo dejó en la banca por su propio bien. El límite de peso de la liga era de 45 kilos, y no deseaba que el niño saliera lesionado. Sin embargo, para el último juego de la temporada al equipo le faltaban algunos jugadores, y el entrenador se vio obligado a incluir al niño para evitar una multa. Para protegerlo lo colocó como defensa, pensando que estaría a salvo de la mayor parte del juego pesado. No obstante, quién iba a pensarlo, en la última jugada del partido, el zaguero del otro equipo rompió las líneas, eludió al segundo y se abalanzó sobre el niño.

Mientras éste trataba de mirar a través de su casco, que era demasiado grande y caía sobre sus ojos, vio que el corredor se aproximaba. Se inclinó para tratar de derribar al joven de 45 kilos. A medida que se acercaba, lo único que el niño pensaba era: *¡este tipo tiene vello en las piernas!* Allí estaba, con apenas 26 kilos, tratando de derribar a este enorme joven velludo. En el momento de la verdad se lanzó a las piernas del zaguero, agarró una de ellas y se aferró con todas sus fuerzas, mientras el grande lo arrastraba por el campo. Lo único que el niño veía era el polvo mientras su casco golpeaba la tierra, hasta que llegaron al final de la zona.

Muy mortificado por la experiencia, el niño trataba de retener las lágrimas, con el sentimiento de que había decepcionado a su equipo. Para su sorpresa, ¡el entrenador y todo el equipo corrieron a la cancha a felicitarlo! El entrenador lo aclamó por no darse por vencido y por no dejar que el grandullón lo atemorizara y le impidiera tratar de derribarlo. Sus compañeros lo llevaron en hombros y lo eligieron como "el jugador más valiente del partido".

El nombre del entrenador es Dan Finley, y el niño era yo.

En su juventud, Dan, quien ahora tiene cerca de cuarenta años, fue un excelente atleta con potencial para jugar en las grandes ligas del béisbol. Pero sufrió de polio y sólo podía caminar con aparatos ortopédicos y un bastón. Entonces decidió volcar su energía en entrenar a los niños. Había sido privado prematuramente de la alegría de jugar, y deseaba ayudar a otros a aprovechar de la mejor manera su tiempo en el campo de juego. Aún lo hace.

Darrell J. Burnett, Ph.D.

4

SERVICIO: ESTABLECER NUEVOS CRITERIOS

El trabajo realizado con un verdadero espíritu de servicio . . . puede considerarse como un acto de adoración.

*Baha Allah
fundador del credo Baha'i*

Lo mejor de la banca

Rara vez se presentan grandes oportunidades de ayudar a otros, pero las pequeñas nos rodean todos los días.

Sally Koch

Cuando mi hijo era un joven adolescente, él y uno de sus amigos se dirigieron al otro lado de la ciudad para comprar ejes para sus patinetas. Cada uno tenía veinte dólares. Cuando llegaron se dieron cuenta de que necesitaban más dinero para cubrir la tarifa del autobús y el impuesto a las ventas. Necesitaban tres dólares con setenta y cinco centavos más.

Una sucursal de nuestro banco estaba cerca, así que decidieron entrar y solicitar un préstamo. La cajera les dijo que eso no era posible, pero que podían pedir un adelanto en efectivo sobre la tarjeta de crédito de sus padres. Así que llamaron a casa, pero nadie respondió. Se dirigieron de nuevo a la cajera para saber qué podían hacer. Ella los remitió a la oficina del vicepresidente. Cuando les preguntó por qué el banco debía hacerles un préstamo, respondieron: "Porque somos Niños

Exploradores, buenos estudiantes y confían en nosotros". Él respondió que, puesto que no tenían aval, debían firmar un pagaré. Lo hicieron y se les entregó el dinero que necesitaban para terminar su misión.

Más tarde descubrimos que este hombre maravilloso les había prestado el dinero de su propio bolsillo. (¡Mi esposo llamó al día siguiente para pedir los mismos términos para un préstamo de vivienda!) Al hablar con él nos enteramos de que había hecho muchos préstamos de este tipo, incluyendo uno importante a la esposa de un marino cuya pensión estaba retrasada. Dijo que en casi el ciento por ciento de las veces recuperaba su dinero, y que la oportunidad de ayudar a otras personas de esta manera era uno de los aspectos más satisfactorios de su trabajo.

Mi hijo y su amigo tomaron el autobús a la mañana siguiente. Pagaron el préstamo y recibieron su pagaré firmado por el vicepresidente. ¡Lo mejor de la banca!

Sharon Borjesson

Una apasionada auxiliar de vuelo

Haz lo que amas y ama lo que haces, y nunca trabajarás un día más en la vida.

Anónimo

"Buenos días, damas y caballeros. Bienvenidos a bordo del vuelo 548 de United Airlines, directo de Palm Springs a Chicago."

¡Esperen un momento! Mi mente comienza a correr. Sé que es muy temprano, las 6:45 de la mañana para ser exactos, pero estaba seguro de que era el vuelo hacia Denver.

"Ahora que tengo su atención", prosiguió la voz, "mi nombre es Annamarie y hoy seré su auxiliar de vuelo. En realidad, estamos en ruta hacia Denver, así que si no planeaban viajar allí, éste sería el momento indicado para bajarse del avión".

Respiré aliviado mientras Annamarie continuaba: "La seguridad es importante para nosotros; les ruego que lean la tarjeta de instrucciones que tienen delante. Vamos, ¡tomen todos esos folletos y agítenlos en el aire!".

El setenta por ciento de los pasajeros ríen y hacen lo que se les indica; el veinte por ciento aún no está despierto y en el diez restante están los amargados.

"En caso de que aterricemos por error en una masa de agua, deben tomar una decisión. Pueden rezar y nadar como locos, o bien utilizar su asiento como flotador."

Cerca de la mitad del veinte por ciento comienza a salir de su estupor. "Serviremos el desayuno durante el vuelo. En el menú hay huevos Benedict y *crêpes* de fruta —en realidad no, pero suena maravilloso. Los auxiliares les ofrecerán tortilla o cereales."

Para entonces, incluso unos pocos amargados aventuraban una sonrisa. Gracias por un vuelo agradable, Annamarie. ¡Y gracias a Dios por los auxiliares de vuelo que se apasionan por su trabajo!

Glenn Van Ekeren

El masaje es el mensaje

La única manera de diferenciarnos de la competencia es por el servicio.

Jonathan Tisch

Me agrada cocinar. En especial cuando no hay ningún compromiso de por medio: ni invitados, ni parientes que vengan a cenar. Entonces pongo un poco de esto y otro de aquello en una olla y, si no funciona, Alka-Seltzer para dos y un par de huevos pasados por agua sobre tostadas.

Pero era el Día de Acción de Gracias —en un nuevo país, una nueva ciudad y con nuevos amigos. Era algo importante —tan importante que incluso había preparado parte de la cena con anticipación. Para cuando llegó el día hasta me sentía un poco orgullosa. Las tortas ya estaban hechas, el pavo relleno, las papas preparadas y la casa en ese estado de limpieza que sólo se da una vez en el año. Temprano en la tarde recibí una llamada para recordarme que dos de los invitados eran vegetarianos. Estoy segura de que hubieran podido sobrevivir con las legumbres y ensaladas que había hecho, pero me sentía tan bien preparada que decidí hacer un rápido viaje a Alfalfa, la tienda vegetariana local, para comprar una entrada especial mientras el pavo se cocía.

Vivimos en el campo. En un día muy agitado, cada hora pasa un auto al frente de la casa. Por esta razón, no esperaba el número de personas que también se disponían a hacer sus compras de última hora. El tráfico estaba terrible y los conductores también. Ya estaba retrasada, ¡y ni siquiera había llegado al estacionamiento! Pero en cuanto lo hice, todo cambió.

El gerente de la tienda estaba allí, dirigiendo el tránsito e indicando a los conductores dónde había lugares disponibles. Estacioné y corrí hacia la tienda. El personal estaba en todas partes, repartiendo muestras de comida, ofreciendo sugerencias y ayudando a los clientes a encontrar lo que buscaban. Conseguí rápidamente lo que quería, pero aun cuando todas las cajas estaban abiertas, las filas eran muy largas. Sentí que mis dientes crujían mientras pensaba que mis invitados llegarían, encontrarían un pavo quemado y no habría nadie para recibirlos.

El caballero que se encontraba delante de mí también estaba experimentando cierto pánico, o al menos eso pensé porque una atractiva mujer le daba un masaje en el cuello y los hombros. "Qué suerte tiene", pensé. En ese momento, la mujer se volvió y dijo: "¿Le agradaría un masaje en el cuello y los hombros mientras espera?". ¡Desde luego! Mientras me masajeaba y yo comenzaba a respirar otra vez, pensé: "¿No es esto maravilloso? Una terapeuta emprendedora que ofrece sus servicios donde más se necesitan". Cuando terminó le pregunté cuánto le debía. "No, no", respondió. "Los masajes son cortesía de la tienda."

Ahora bien, les pregunto: ¿este servicio fue producto de algún tipo de inspiración divina o algo así? El resto de la noche resultó lo más sencillo del mundo. ¿Y la cena? En una escala de 1 a 10, creo que estuvo cerca de 14.

Maida Rogerson

No está en el menú

Para qué vivimos, si no es para hacer el mundo menos difícil para los demás.

George Eliot

Suelo viajar mucho a causa de mi trabajo, y una de las cosas que me desagradan de esto es comer sola. Ver a otros reír y conversar siempre me hace sentir solitaria, y en ocasiones tengo la incómoda sensación de parecer que estoy esperando a que alguien se acerque. Así que, por lo general, durante varias noches pido el servicio de comida a la habitación para evitar este desagrado. No obstante, tarde o temprano siento necesidad de salir de la habitación. Mi estrategia es bajar al restaurante del hotel ni bien se abre, pues entonces no hay mucha gente y no experimento tanta incomodidad.

Después de pedir la cena a la habitación durante tres noches seguidas en el Hotel Wyndham de Houston, sentí la necesidad de salir. Aun cuando el restaurante abría a las 6:30 de la tarde, llegué a las 6:25. El *maître* me recibió en la puerta e hizo un comentario acerca de "llegar tan temprano". Le expliqué cuánto me desagradaba cenar sola en un restaurante. Luego me condujo al fondo del salón, hasta una mesa verdaderamente encantadora. "¿Sabe?", me dijo, "por lo general estoy muy ocupado en mi trabajo y la gente sólo comienza a llegar después de las siete. Si no le importa, la acompañaré un rato".

¡Estaba muy complacida! Se sentó y me habló de los objetivos de su carrera, sus aficiones, el reto de combinar su carrera en un restaurante con una familia y la dificultad de trabajar en la noche, también durante los fines de semana y las fiestas. Me enseñó fotografías de sus hijos y de su esposa —¡e incluso hasta de su perro! Después de unos quince minutos vio que se acercaban unos clientes, y se excusó. Advertí que antes de atenderlos se detuvo un momento en la cocina.

Mientras mi nuevo amigo procedió a acomodar al grupo que llegaba, uno de los meseros salió de la cocina y se dirigió a mi mesa. "Mi lugar de trabajo esta noche es en el fondo, y estoy seguro de que no habrá nadie allí por ahora", dijo. "No estoy realmente ocupado; ¿le importa si la acompaño un momento?" Tuvimos una maravillosa conversación hasta que alguien se sentó en una de las mesas que debía atender y tuvo que disculparse.

Poco después salió uno de los jóvenes auxiliares. También él me preguntó si podía sentarse conmigo un rato. Apenas hablaba inglés, pero yo había enseñado inglés como segundo idioma, así que nos divertimos mucho hablando de sus experiencias al llegar a los Estados Unidos. Compartió conmigo las expresiones que le habían enseñado en la cocina cuando llegó de su país (¿pueden imaginárselas?). Cuando el restaurante se llenó, se excusó para dedicarse a su trabajo. Pero antes de partir aquella noche, incluso el chef había salido de la cocina y había conversado conmigo.

Cuando pedí la cuenta (cerca de hora y media después), casi hubo un silencio audible en el restaurante. Todas las

personas que me habían acompañado se acercaron y for-
maron un grupo alrededor de la mesa. Me entregaron una
rosa roja de tallo largo y dijeron: "Ésta fue la noche más
agradable que hemos tenido en este restaurante". ¡Rompí
a llorar! Lo que había comenzado como una noche solitaria terminó siendo una experiencia maravillosa —¡tanto
para los empleados como para el cliente!

Barbara Glanz

"Comencemos de nuevo"

Hazlo en grande, hazlo bien y hazlo con estilo.

Fred Astaire

Hace algún tiempo tuve una experiencia directa de lo que llamo "Servicio al cliente de alta calidad". Sucedió un sábado, en un frío día de invierno en Toronto.

Como sucede a menudo cuando se ha iniciado un segundo matrimonio, el fin de semana comenzó con la visita de mis hijos a su madre. Kate, mi segunda esposa, y yo, teníamos el fin de semana para estar a solas. El sábado fue de ocio y tranquilidad. Nos levantamos tarde e hicimos todo con tres o cuatro horas de retraso, de la manera más placentera.

Después de pasearnos sin prisa por tiendas y galerías, hacia las cuatro de la tarde llegamos a un prestigioso hotel de cuatro estrellas, preparados para almorzar. El personal del restaurante se mostró muy amable. Kate ordenó una fritura y, cuando llegó, comenzó la verdadera aventura.

Anidada en medio de su plato se encontraba la punta de uno de los dedos de un guante de caucho. Llamé a la mesera. "¿Qué es esto?", preguntó Kate con el tono de indignación apropiado.

"No estoy segura", respondió mientras llevaba de prisa el plato a la cocina.

En menos de un minuto, la mesera regresó con el *maître*. "Señora, hemos cometido un terrible error y le rogamos que acepte nuestras disculpas." Hasta ahí todo estuvo bien. "Comencemos de nuevo", prosiguió. "Retire todo de la mesa", le ordenó a la mesera. La mesera procedió a retirar todo —el vino, los cubiertos, mi comida, el mantel— ¡todo! "¡Borremos el recuerdo!", dijo el *maître*.

La mesa fue puesta de nuevo, trajeron el menú y volvimos a ordenar la comida y el vino. De nuevo estábamos en camino hacia un fantástico almuerzo.

El *maître* borró la sensación de un mal servicio y la reemplazó por otra maravillosa. No negó lo ocurrido, sino que dio algo mejor a cambio. La comida estaba muy buena, el servicio excelente. Esto era teatro.

Y la comida fue cortesía del restaurante.

Richard Porter

"¡Ah, bambini!"

La bondad es la insignia de un corazón amoroso.

Anónimo

Mi esposo y yo viajábamos por Italia con dos bebés y una niñera. Compartíamos las tareas con ella para poder visitar todas las iglesias y museos. Pero una vez nos llevamos los bebés, pues sólo teníamos un día para ir a Asís y todos queríamos visitar este pueblo. Era una mañana maravillosa —nos sentíamos como felices peregrinos, leíamos historias de San Francisco y los niños sonreían mientras conducíamos por las tortuosas calles.

Pero al final de aquel cálido día, después de subir y bajar la colina bajo los 38 grados del sol italiano, ambos niños no paraban de llorar. Uno tenía náuseas y el otro diarrea. Todos estábamos irritados y agotados, y nos esperaba un viaje de regreso de tres horas hasta Florencia, donde estábamos alojados. En algún lugar de la llanura de Perugia, nos detuvimos para cenar en una pequeña *trattoria*.

Avergonzados por nuestro lamentable estado y por los niños ruidosos y malolientes, intentamos deslizarnos

subrepticiamente al comedor, esperando poder tranqui-
lizar a los niños durante suficiente tiempo como para
poder encargar antes de que nos sacaran de allí. El propietario nos miró y murmuró: "Esperen un momento", y
regresó a la cocina. Pensamos que quizá deberíamos partir de inmediato, pero antes de que pudiéramos decidir
qué hacer apareció de nuevo con su esposa y con su hija
adolescente. Sonriendo mientras atravesaban el comedor,
las dos mujeres extendieron los brazos y exclamaron:
"¡Ah, bambini!", y se llevaron a los niños mientras nos
indicaban una mesa en un rincón tranquilo.

Durante la larga y acogedora cena, pasearon a los bebés
en la parte de atrás del comedor, riendo y cantando
para que se durmieran, en un italiano dulce y musical. El
propietario insistió incluso en que nos quedáramos a
tomar un vaso de vino adicional una vez que los niños se
durmieran.

Cualquier padre que alguna vez ha llegado al punto en
que ya no puede más con su bebé, comprenderá que
aquel día Dios nos envió a sus ángeles.

Editores de Conari Press

Más allá de tomar pedidos

Considérate responsable de seguir un criterio más alto del que cualquiera espera de ti.

Henry Ward Beecher

En 1987 me preparaba para dictar una conferencia a gerentes de las secciones de pescadería de algunos supermercados. Como no tenía una buena anécdota acerca del negocio de las pescaderías, decidí ir como un "cliente misterioso" a la tienda cercana y tratar de "crear" una situación que pudiera resultar en algún cuento gracioso.

Mientras me aproximaba a la vitrina de la sección de pescadería, escuché una voz: "¿En qué puedo ayudarlo?".

Yo pensaba: *No sabe que ha llegado la hora de un examen sorpresa*. Y respondo: "¿Sabe? soy muy consciente de la salud. Sé que algunas especies de mariscos tienen alto colesterol y otras no. ¿Podría decirme cuáles?".

El especialista en pescadería dijo: "Señor, ¿sabe usted que hay dos clases de colesterol?". Y procedió a darme una clara y útil explicación médica acerca de las diferencias que existen entre las lipoproteínas de alta densidad y las de baja densidad. Me sentía como un testigo de la resurrección del conocido médico de la televisión, Marcus Welby.

Aun cuando su respuesta me dejó atónito, insistí en administrarle otro examen para determinar su conocimiento del producto. "Necesito más variedad en la preparación de la comida marina, pero no conozco muchas recetas. Por favor, compréndame. Vivo muy ocupado, así que necesito algo sencillo de hacer."

El especialista en pescadería salió de inmediato de detrás del mostrador e hizo un gesto como si dijera, "Sígame". Nos dirigimos al lugar de los comestibles, a la sección de los condimentos. Tomó una caja de la última repisa, la sostuvo en la mano y dijo: "Este condimento japonés es excelente. Muy versátil. Va bien con cualquier pescado o marisco. Es un buen lugar para comenzar".

Mientras regresábamos a la sección de pescadería, se detuvo ante la vitrina, me miró directamente a los ojos, y dijo: "Señor, permítame estar seguro de que comprendo bien sus necesidades. ¿Dice que desea comida marina sana y una variedad de recetas que no le exijan mucho tiempo?".

"Sí, precisamente."

"Tengo un libro para usted." Tomó un libro y colocó la carátula a veinte centímetros de mis ojos. El título era *Recetas sanas y fáciles de preparar—Comida de mar del Noroeste Pacífico.*

Mientras lo hojeaba, vi que los títulos de las recetas parecían deliciosos. Olvidé el propósito que me había llevado allí y comencé a encargar lo que necesitaba. ¡Salmón . . . róbalo . . . atún . . . moluscos! ¡Estaba entusiasmado!

Cuando me aproximaba a la caja, capté la ironía de la situación. Había acudido a la sección de pescadería para probar el conocimiento que aquel hombre tenía del producto, para obtener una buena anécdota para la conferencia. Y partía con lo que era, para mí, un récord de compras de pescadería.

Aquel especialista era mucho más que una persona que toma pedidos. Era extraordinario para solucionar problemas, una persona que tuvo impacto en la calidad de mi consumo de comida del mar, y que me hizo sentir como si aquel día yo fuese el cliente más importante de la tienda. Si hubiera un sitio de honor para los supermercados, mi carrito de compras lleno de comida de mar hubiera sido un voto de confianza estruendoso para aquel dedicado dependiente.

Art Turock

El servicio al cliente
no es asunto de Mickey Mouse

Hace poco, a una de las clientes de nuestro hotel, Polynesian Village, en Walt Disney World, se le preguntó si había disfrutado de su estadía. Le dijo a la recepcionista que había tenido unas vacaciones maravillosas, pero que estaba desolada por haber perdido varios rollos de fotografías Kodacolor que no había revelado todavía. La afectaba de manera especial haber perdido las fotografías que había tomado en nuestro *luau* polinesio, pues era un recuerdo por el que sentía un cariño particular.

Ahora bien, deben entender que no tenemos reglas de servicio escritas que cubran la pérdida de fotografías. Por fortuna, la recepcionista comprendía la filosofía de Disney de ayudar a nuestros clientes. Le pidió a la señora que le dejara algunos rollos nuevos y prometió que se encargaría del resto.

Dos semanas más tarde la señora recibió un paquete en su casa. En él encontró fotografías de todo el elenco del espectáculo de *luau*, autografiadas personalmente por cada uno de los miembros. También había fotos del desfile y de los fuegos artificiales en el parque, tomadas por la recepcionista en su tiempo libre, después del trabajo. Conozco esta anécdota porque la señora nos envió una carta donde decía que nunca en su vida había recibido un servicio tan compasivo por parte de una organización.

El servicio heroico no se encuentra en los manuales de las organizaciones. Lo ofrecen las personas que se preocupan —y una cultura que propicia y forma esta actitud.

Valerie Oberle
Vicepresidente
Disney University Guest Programs

Transmítelo

Nos inclinamos a juzgar el éxito más por el índice de nuestro salario o por el tamaño de nuestros automóviles, que por la calidad de nuestro servicio y su relación con la humanidad.

Martin Luther King, Jr.

Me encontraba con mi esposa y nuestra hija de dos años en un lugar para acampar aislado y cubierto de nieve, en Rogue River Valley, Oregón, con un vehículo en estado de coma. Habíamos salido a celebrar la terminación de mis dos años de entrenamiento como residente, pero mis conocimientos en medicina recientemente adquiridos no eran de gran utilidad para arreglar el vehículo de recreo que habíamos alquilado para el viaje.

Esto sucedió hace veinte años, pero lo recuerdo con la misma claridad que recuerdo el cielo sin nubes de Oregón. Me acababa de despertar y buscaba el interruptor de la luz, pero sólo me saludaba la oscuridad. Intenté encender el auto. No respondía. Cuando me bajé del campero, fue una suerte que mis blasfemias se ahogaran en el rugido de los rápidos de la cascada.

Mi esposa y yo concluimos que éramos víctimas de una batería muerta y que mis piernas eran de más valor que mis conocimientos de mecánica automotriz. Decidí caminar hasta la autopista principal, a varias millas de distancia, mientras ella permanecía allí con la niña.

Dos horas y un tobillo lesionado después, llegué a la autopista y conseguí que un camión se detuviera. Me dejó en la gasolinera más cercana y partió. Mientras me aproximaba, recordé tristemente que era domingo en la mañana. Estaba cerrada. Pero había un teléfono público y un ajado directorio telefónico. Llamé a la única compañía de servicio automotriz del pueblo, situada a unos treinta kilómetros de distancia.

Bob respondió y escuchó mientras le expliqué el apuro en que me encontraba. "No hay problema", respondió cuando le indiqué dónde me hallaba. "Por lo general cierro los domingos, pero puedo estar allí en media hora." Me sentí aliviado de saber que vendría, pero me preocupaban las implicaciones financieras de esta oferta de ayuda.

Bob llegó en su brillante grúa roja y nos dirigimos al lugar donde habíamos acampado. Cuando me bajé de la grúa, vi asombrado que Bob se ayudaba a bajar con muletas y que llevaba aparatos ortopédicos en las piernas. ¡Era parapléjico!

Se dirigió al campero y de nuevo comencé con la gimnasia mental de calcular el costo de esta obra de caridad.

"Sí, es sólo una batería muerta. La encenderemos y podrán continuar su viaje." Bob revivió la batería, y mientras se recargaba entretuvo a mi hija con sus trucos de magia. Incluso sacó una moneda de su oreja y se la obsequió.

Cuando guardaba los cables en el camión, le pregunté cuánto le debía. "Oh, nada", replicó para mi sorpresa.

"Debo pagarle algo", insistí.

"No", repitió. "En Vietnam, alguien me ayudó a salir de

una situación peor que ésta cuando perdí las piernas. La persona que lo hizo sólo me dijo que lo transmitiera. Así que recuérdalo y cuando tengas la oportunidad, transmítelo."

Avancemos rápidamente alrededor de veinte años. En mi atareado consultorio médico, donde a menudo entreno estudiantes de medicina, Cindy, una estudiante de segundo año de una escuela de fuera del estado, ha venido a pasar un mes conmigo para poder estar con su madre, quien vive en esta región. Acabamos de ver a una paciente cuya vida ha sido destrozada por el abuso de alcohol y de drogas. Cindy y yo estábamos en el mostrador de las enfermeras discutiendo las posibles opciones de tratamiento, cuando de repente veo que sus ojos se llenan de lágrimas. "¿Se siente incómoda al hablar de estas cosas?", pregunté.

"No", sollozó Cindy. "Es que mi madre podía haber sido esta paciente. Tiene el mismo problema."

Pasamos la hora del almuerzo encerrados en el salón de conferencias, discutiendo la trágica historia de la madre alcohólica de Cindy. En medio de sus lágrimas y con gran pena, Cindy puso su alma al desnudo mientras me relataba los años de rabia, vergüenza y hostilidad que habían caracterizado su vida familiar. Le ofrecí a Cindy la esperanza de que su madre recibiera un tratamiento y acordamos que se reuniera con un consejero. Después de un fuerte apoyo de los otros miembros de la familia, su madre consintió al tratamiento. Fue hospitalizada durante varias semanas y cuando salió era una persona renovada y diferente. La familia de Cindy había estado al borde de la desintegración; por primera vez veían un rayo de espe- ranza. "¿Cómo puedo pagarle lo que ha hecho por nosotros?", me preguntó Cindy.

Me vino a la mente el campero en estado comatoso, en aquel sitio para acampar en medio de la nieve, y el buen samaritano parapléjico. Supe que la única respuesta que podía darle era: "Sólo transmítelo".

Kenneth G. Davis, M.D.

Los miércoles en la mañana con Elvis

La persona que siembra bondad disfruta de una cosecha perpetua.

Anónimo

He trabajado como empleada de aseo durante catorce años. Una de mis clientes predilectas era la anciana señora Avadesian. Era nerviosa, como un resorte, y parecía rebotar constantemente con su moño blanco volando por todas partes. No sé cuántos años tendría en realidad, pero sé que enterró al último de sus seis hijos hace algunos años, todos los cuales habían vivido del Seguro Social durante cierto tiempo. Sabía, también, algo sobre la señora Avadesian que nadie en su familia ni ninguno de sus amigos supo jamás. Era nuestro pequeño secreto.

La señora Avadesian estaba loca por Elvis.

Este descubrimiento me tomó por sorpresa una mañana, cuando la vi esconder algo detrás de su espalda al entrar al salón.

"¡Oh, Dios!", tartamudeó, retrocediendo. Quedamos frente a frente durante largo rato. Sus ojos se desviaron hasta que encontraron tentativamente los míos, probando mi lealtad y buscando mi complicidad. La encontró y su rostro se iluminó.

Decidió compartir su secreto especial conmigo. Salió entonces el secreto a todo color —esto es, a todo color pero desteñido: el propio Elvis, sonriendo desde una revista para adolescentes de 1956, con aquella sonrisa de "Soy el Rey, y soy un tipo sensacional". Miré a la señora Avadesian. Se había sonrojado.

Todos los miércoles después de aquel día, el Rey venía a hacer una visita personal a casa de la señora Avadesian. Yo llegaba exactamente a las nueve de la mañana con mis implementos de aseo, y allí estaba ella en su casa victoriana, paseándose impaciente de arriba abajo al lado de la ven-tana. Estaba muy elegante con su blanco vestido de novia con encajes y organdí, un sencillo collar de perlas y zapatillas de satén rosado.

Era también la mañana en que se soltaba el cabello. Pinza por pinza deshacía el moño, hasta que sus sedosos bucles de plata le enmarcaban el rostro. Su cara era una explosión de color contra el viejo toldo blanqueado: labios de un rosado nacarado e iridiscente, sombra de ojos violeta colocada en la cercanía de sus párpados, y mejillas color rojo tomate.

Aguardaba en la sala y luego, cuando yo terminaba de hacer el aseo, me dirigía directamente a la vieja Victrola, buscaba en la bolsa de la limpieza y sacaba nuestro nuevo tesoro —una copia, un poco rayada pero perfectamente utilizable, de "Los grandes éxitos de Elvis" por la que había luchado con éxito en una venta de garaje. Me acercaba a la señora Avadesian, tomaba su diminuta mano, me inclinaba y la conducía al salón de baile. Después de uno o dos compases, Elvis se nos unía desde la Victrola de la esquina y allí, después de contar hasta tres, todos enloquecíamos.

Elvis gritaba acerca de su "ardiente amor", la señora

Avadesian en su vestido de novia de organdí saltaba, giraba y tropezaba por todas partes, con sus zapatillas de satén quemando la alfombra.

Todos estábamos "conmocionados", gritando y saltando por todo el salón. Cuando creíamos que ya no lo soportaríamos un minuto más, Elvis subía el ritmo con "Jailhouse Rock". Era implacable. Nos agotaba. Le rogábamos: "Elvis, por favor, no seas cruel".

Para el gran final, Elvis nos daba una serenata y nos juraba amor y devoción eternos. En aquel momento, yo tomaba a la señora Avadesian en mis brazos para bailar un vals por todo el salón. Nos turnábamos para llevar el paso, mientras Elvis entonaba "Love Me Tender".

Y él lo hacía. Todas las mañanas de los miércoles, durante todos los miércoles que aún le quedaban a la señora Avadesian.

Joy Curci

Vaca sagrada

En 1978 mi auto necesitaba una reparación que yo no podía hacer por mí mismo. Puesto que el taller donde solía llevarlo había cerrado, me enfrenté a la temible tarea de encontrar un mecánico bueno y honrado. Estaba preocupado por la reputación de los mecánicos —tal vez inmerecida—, como artistas del atraco. Por fortuna, mi amigo Dave me recomendó uno: Reparación de autos D.

Me sorprendió gratamente descubrir que el dueño de este taller era un mecánico que había trabajado en mi auto algunos años atrás. Entonces era empleado de una gasolinera cercana a mi casa. En realidad no le había hablado mucho antes, pero sabía que hacía bien su trabajo.

Llené los papeles para la reparación y aguardé mientras D. recibía la llamada de otro cliente. Entre tanto, me entretuve observando la pequeña oficina. Un artículo de un diario, puesto en un marco, me llamó la atención. El título decía: "Granjero local mata a todo un rebaño". El artículo trataba sobre un granjero de quinta generación durante el pánico de la leche podrida ocurrido en

Michigan, algunos años atrás. Al parecer, las vacas lecheras se contagiaban de una enfermedad que afectaba el suministro de leche. La situación se había tornado tan delicada que el Estado decidió examinar a todas las vacas de Michigan para comprobar si tenían esta enfermedad. Había sido necesario entablar prolongadas acciones legales para poder resolver este dilema. Mientras, los granjeros podían continuar vendiendo la leche y también las vacas para carne.

El granjero decidió que este plan no era conveniente para él y eligió otro camino. Pagó para que examinaran a todas sus vacas. De todo el hato, sólo unas pocas resultaron infectadas. Pero como nadie podía garantizar que las otras estuvieran completamente a salvo, hizo matar y enterrar a todo el hato, para que no pudiera hacer daño al medio ambiente ni al suministro de aguas. El seguro que tenía no cubría esta pérdida, porque el Estado no había expedido un mandato que le ordenara deshacerse del hato. Cuando se le preguntó por qué lo había hecho, respondió: "Porque era lo correcto".

Pregunté a D. por qué había enmarcado este artículo. Pensé que quizás era pariente del granjero o que lo conocía. Dijo que jamás lo había visto, pero que aquel granjero era una fuente de inspiración para él por haber establecido un criterio de integridad, confianza y honestidad. Agregó que así era como manejaba su negocio de reparación de autos, y que le agradaría que la gente hablara de él como lo hacía del granjero.

Ahora me encontraba doblemente impresionado, tanto con el granjero como con D. Al año siguiente, por recomendación mía, mi hijo inició un aprendizaje de mecánica durante nueve meses en el taller de D. Yo quería que estudiara con él, no sólo porque era un buen mecánico sino, más importante aún, porque era un hombre honesto e íntegro. Ojalá digan lo mismo de mí algún día.

Dennis J. McCauley
Presentado por Charmian Anderson, Ph.D.

Una lección de un millón de dólares

Toda labor que eleve a la humanidad tiene dignidad e importancia y debe ser emprendida con meticulosa excelencia.

Martin Luther King Jr.

Había volado a Dallas con el único propósito de visitar a uno de mis clientes. El tiempo era fundamental, y mis planes incluían un rápido viaje para regresar de inmediato al aeropuerto. Un taxi impecable se acercó. El conductor se apresuró a abrir la puerta y se aseguró de que estuviera cómodamente sentado antes de cerrarla. Mientras se instalaba en su puesto, me informó que el diario cuidadosamente doblado que se encontraba a mi lado era para mi uso. Luego me enseñó varias cintas y me preguntó qué tipo de música me agradaría escuchar. ¡Bien! Miré a mi alrededor para asegurarme de que no se trataba de un programa de televisión. ¿No habría hecho usted lo mismo? No podía creer el servicio que estaba recibiendo. "Es evidente que se siente muy orgulloso de su trabajo", le dije al conductor. "Debe tener una historia al respecto."

En efecto, así era. "Solía trabajar en una gran empresa",

comenzó. "Pero me cansé de pensar que lo mejor que podía ofrecer nunca sería lo suficientemente bueno, lo suficientemente rápido o que se apreciaría lo suficiente. Decidí encontrar un nicho en la vida en el cual pudiera sentirme orgulloso de ser lo mejor que podía ser. Sabía que no sería un científico de cohetes, pero me fascina conducir, ser útil y sentir que he completado el trabajo de un día y que lo he hecho bien."

Después de evaluar sus talentos personales, decidió ser conductor de taxi. "No sólo un conductor de taxi del montón", continuó, "sino un profesional. De seguro sé una cosa: para ser bueno en mi trabajo, podía limitarme a satisfacer las expectativas de mis pasajeros. Pero para ser *extraordinario* en mi trabajo, debo *superar* las expectativas de mis clientes. Me agrada más la idea de ser 'extraordinario' que la de ser 'corriente'".

Le di una propina maravillosa, por supuesto. Lo que la gran empresa perdió, ¡lo ganaron los pasajeros!

Petey Parker

Cómo conservar los clientes . . . aunque duela

Sólo quienes se arriesgan a ir demasiado lejos pueden saber qué tan lejos pueden llegar.

T.S. Eliot

No hay nada más importante para el éxito de un negocio que un cliente satisfecho. Los clientes satisfechos son leales y refieren a otros clientes. Por lo demás, mantener un cliente sólo cuesta una fracción de lo que costaría traer a un cliente nuevo para reemplazar al insatisfecho que se ha perdido. La principal razón de la pérdida de los clientes es el incumplimiento de las promesas. La regla más importante para mantener un cliente es: "Cuando prometa algo, expresa o implícitamente, haga todo lo posible por cumplir, sin importar el costo".

Me encontraba en mi casa en Columbus, Ohio, profundamente dormido. Eran las 2 de la mañana cuando una llamada telefónica me despertó: era uno de mis clientes. Aquella misma mañana, a las nueve, yo debía hacer una presentación en Marco Island, Florida, y debía haber llegado la noche anterior. Estaba en pánico. Por alguna razón había creído que el programa se iniciaba dos días más tarde.

¿Cómo había podido suceder esto? No importaba. El problema inmediato era la conferencia que debía dictar dentro de siete horas, y me encontraba a mil millas de distancia y sin una manera posible de llegar allí.

Comencé a buscar frenéticamente en las Páginas Amarillas para fletar un avión. Llamé a siete u ocho agencias, pero ninguna contestaba a las dos de la mañana. Por fin una respondió. Era un servicio de ambulancias aéreas. La persona me preguntó cuál era la emergencia. Contesté que si no estaba en Marco Island a las siete de la mañana, mi cliente me mataría, e inquirí si podían prestarme el servicio. Me preguntó si tenía tarjeta American Express. Cuando le dije el número me aseguró que no habría problema. Su ambulancia Lear Jet me dejaría allí a las siete de la mañana.

Llamé a mi cliente para avisarle que había alquilado por mi cuenta un Lear Jet y que llegaría a las siete de la mañana. Escuché un suspiro de alivio y agregó que enviaría a un conductor a esperarme al aeropuerto de Marco Island. A las tres de la mañana me dirigí de prisa a la oficina para recoger el material que necesitaba, agarré una botella de dos litros de gaseosa dietética, y regresé apresuradamente a esperar la ambulancia aérea. Mientras aguardaba, me bebí toda la gaseosa.

Cerca de cuarenta minutos después de despegar, los dos litros de gaseosa trataban de salir. Descubrí entonces que el Lear Jet tenía casi todo, incluyendo una enfermera llamada Sandy pero . . . no tenía baño y era imposible que esperara 90 minutos más. No había recipientes, botellas ni nada que pudiera sacarme de ese apuro. No debía preocuparme. Sandy tenía la solución: un catéter. ¡No! Luego pregunté cómo hacían los pilotos durante los viajes largos. Uno de ellos sacó de su maletín de cuero una bolsa plástica para emparedados con un cierre a presión, la vació de las zanahorias que traía y me la entregó, junto con una importante recomendación: "Cuando la selle, asegúrese de que las rayas amarillas y azules se vuelvan verdes".

El avión aterrizó poco antes de las ocho. Antes de bajar, el piloto me preguntó cuánto tardaría. La conferencia duraba cuarenta y cinco minutos y luego debía firmar ejemplares del libro. Supuse que estaría libre al mediodía. "Maravilloso", respondió. "Esperaremos." ¿Qué tal eso? El viaje de regreso era gratuito.

La limosina me dejó en el hotel con tiempo suficiente para bañarme y prepararme. Luego hice una de las mejores presentaciones de mi vida. Todo salió a pedir de boca: pura adrenalina.

El cliente estaba muy impresionado y agradecido de que hubiera cumplido con mi compromiso y de que estuviera dispuesto a hacerlo a pesar del costo del transporte. Oh sí . . . el costo. Siete mil dólares. Y para añadir un poco de sal a la herida, agregaron un impuesto del diez por ciento porque era un boleto de pasajero. Si hubiera permitido que Sandy me pusiera un catéter, habría sido un enfermo, ¡y esto me hubiera ahorrado setecientos dólares! Para completar, no obtendría millas de viajero frecuente.

Fue una aventura que no olvidaré, especialmente por la cuenta. Pero el cliente estaba feliz y recibí muchísima publicidad y comentarios —para no mencionar el gran ejemplo personal que podía compartir en mis conferencias. Poner en primer lugar las necesidades del cliente siempre sale a cuenta . . . aunque cueste.

Jeff Slutsky

5

SIGUE TUS CORAZONADAS

Tu trabajo es descubrir tu trabajo y luego entregarte a él con todo tu corazón.

Buda

Recuerdos luminosos para el mañana

No sé cómo será su destino, pero de algo estoy seguro: los únicos verdaderamente felices serán quienes busquen y encuentren cómo servir.

Albert Schweitzer

La gente que me conoce desde hace tiempo se niega a creer que trabajo en un ancianato. Sin duda, no creerían cuánto amo mi trabajo.

No están dispuestos a dejarme olvidar los años durante los cuales nuestra escuela de religión hacía un servicio semanal en un ancianato. Yo siempre era la última en ofrecerme. Quienes me conocen desde hace más tiempo también recuerdan la poca paciencia que tenía con un vecino mayor. Fui yo quien decidió que todos los ciudadanos mayores eran "aburridos".

Eso fue antes de conocer a la señorita Lilly, quien cambió muchas cosas en mi vida. Desde entonces nunca me he sentido igual acerca de la generación anterior, de los ancianatos, ni de la vida.

Había escuchado muchos comentarios negativos sobre el ancianato local y admito que solicité un empleo allí sólo porque se encontraba cerca de mi casa —pensando, para mis adentros, que siempre podía renunciar. Sí, me aseguró la recepcionista cuando pedí la solicitud, en efecto necesitaban una auxiliar de enfermería. "¿Tiene el certificado?".

"Aún no", respondí, preguntándome cómo se conseguiría. Con la solicitud en mano, me condujeron a una habitación soleada. Me instalé en una mesa frente a dos docenas o más de señoras mayores. Seguían unos ejercicios dirigidos por una mujer que no sonreía, vestida con pantalones negros y una ajada blusa gris. Su voz era monótona. Tenía el mismo entusiasmo que un pistolero por su propia ejecución. Me pregunté cuál sería su oficio. Justo cuando me disponía a escribir "auxiliar de enfermería" en el lugar correspondiente a "empleo solicitado", comenzó a leer una carta en voz alta. "Querida Directora de Actividades", decía. Entonces eso era. Escribí "directora de actividades" en lugar de "auxiliar de enfermería". Sabía que podía hacerlo mejor que aquella amargada. Podía sonreír y en mi guardarropa había muchos colores alegres.

Como estaba desempleada, había adquirido la mala costumbre de dormir hasta tarde. Cuando el agudo timbre del teléfono me despertó eran las 8:05 de la mañana. La mujer al otro lado de la línea sonaba alegre y confiada. "He recibido su solicitud para directora de actividades", dijo. "Nos disponemos a abrir una nueva unidad. ¿Cuáles son sus calificaciones?"

Haciendo lo posible por parecer despierta, respondí, "Solía enseñar en una escuela". Omití decirle que era una escuela elemental y que aquello había sucedido veinte años atrás.

"¿Qué tan pronto puede llegar?", preguntó.

Me enderecé súbitamente en la cama. "En una hora. En una hora estaré allí."

Desde aquel día, mi vida cambió. Ya no es sólo mía.

Cada minuto mis pensamientos están con los residentes. ¿Está bien Billie? ¿Cómo está el señor W? ¿Janie regresará del hospital hoy?

Los residentes llenan mis pensamientos y mi corazón —todas estas personas solitarias y frágiles, tienen una historia para contar y su amor para dar. Todavía no he llegado a conocer ninguna que sea "aburrida".

Mi primer amor fue la señorita Lilly, una solitaria mujer que sólo tiene un pariente vivo. No era una belleza sino una mujer de anchas espaldas con manos y pies grandes, que vivía en una posición casi inclinada. Pasaba los días en una silla de ruedas azul. Babeaba constantemente; su gran boca a menudo se abría para enseñar varios dientes manchados y rotos en unas encías rojo sangre. Sus cabellos, escasos y grises, sobresalían en todas direcciones. Peor aún, la señorita Lilly nunca hablaba.

Había visto a su pariente, una sobrina, varias veces. Cada visita era igual. Permanecía a cierta distancia de la silla y decía: "Llegó tu cheque. Tu cuenta está pagada". Nunca una palabra personal, un abrazo o algún signo de afecto.

No es de asombrarse entonces que la señorita Lilly se hubiera retirado de lo que parecía ser un mundo cruel y despiadado. Pasaban los meses y ella parecía encogerse cada vez más en su silla. Era evidente que su salud se deterioraba. Yo permanecía cada vez más tiempo en su unidad. Descubrí que no estaba comiendo bien. Renuncié a mi hora de almuerzo para alimentarla. Al ver cuánto disfrutaba de la gelatina y el budín, le traía más. Le hablaba todo el tiempo —acerca del clima, los acontecimientos del día, y de todo lo que se me ocurría. En ocasiones le tomaba la mano. Un día, para mi sorpresa, habló. "Inclínate", dijo. Rápidamente me arrodillé a su lado. "Abrázame y finge que me amas", susurró. Yo, ¿amar a la señorita Lilly? Nunca había pensado en ello. La tomé en mis brazos y sentí que mi corazón casi estallaba de amor.

Desde entonces ha habido muchas señoritas Lilly en mi vida, y sé que habrá otras. Son aquellas que necesitan más que bondad y cuidado; necesitan un pedacito de tu corazón. Adoro cada día de trabajo, compartir con los residentes mi vida, mis nietos, mis alegrías y mis penas. Ellos comparten conmigo su pasado, su temor por el futuro, sus familias y, ante todo, su amor.

Mi guardarropa tiene todos los colores del arco iris. Me he vestido de todo, desde payaso hasta conejo de Pascua. De mis orejas cuelgo flamencos rosados y truchas moteadas. A los residentes les fascina.

Ahora defino los ancianatos como casas de recreo para personas maduras. Son lugares maravillosos donde ancianos ingeniosos y divertidos disfrutan de cuidados y compañía.

Mi misión es usar cada día de sus vidas para hacer un recuerdo luminoso para el mañana. Disfrutamos al cantar, reír y jugar, como si hoy fuese nuestro último día. En algunas ocasiones lo es. Poco después de la muerte de la señorita Lilly, escribí estas líneas:

Toqué su mano y dije su nombre;
sus ojos fatigados se abrieron.
Miré y vi su inmensa soledad
en lo profundo de ellos.
Apreté su frágil mano entre la mía,
y mi calor se llevó su frío.
El amor que puso en mi corazón
lo comparto con otros todavía.

Joyce Ayer Brown

Me encontré diciendo que sí

Sólo soy una persona, pero aun así soy una persona. No puedo hacerlo todo, pero aun así puedo hacer algo. No me negaré a hacer algo que puedo hacer.

Edward E. Hale

Era un día normal de primavera de 1950. Se me pidió que asistiera a una reunión con el presidente de la escuela de medicina donde me desempeñaba como médico. No me dijo el propósito de la reunión, y cuando llegué a su oficina me sorprendió encontrar a cinco parejas con él. Me instalé en una silla y me preguntaba qué tenían en común estas personas.

Lo que tenían en común era su problema: todos eran padres de niños con retraso mental, y en ningún lugar en la enorme ciudad de Nueva York habían encontrado instalaciones médicas para tratar las necesidades especiales de sus hijos.

Mientras me narraban su historia, me sorprendió desagradablemente saber que habían sido maltratados, mal aconsejados y humillados porque sus hijos eran retrasados y no "merecían" asistencia como los otros seres humanos con problemas médicos. Fueron rechazados por todos los otros hospitales docentes. Su solicitud era muy sencilla: pedían atención semanal en una clínica para sus niños.

Sus historias me conmovieron profundamente y me sentí avergonzada de que entre mis colegas existiera esta actitud. Pronto me encontré diciendo que organizaría la asistencia médica una mañana a la semana para estos niños y sus padres.

No advertí entonces que esta decisión sería el comienzo de una nueva vida para mí. Pronto me convertí en directora de la primera y única institución de este tipo en el mundo, que atendía a las necesidades físicas de los niños con retraso mental. Cada vez acudían más padres en busca de ayuda. Me encontraba completamente abrumada, tratando de atenderlos a todos sólo una mañana en la semana. ¿Qué debía hacer? Me torturaba tener que decidir si debería dedicar toda mi carrera profesional a esta misión o bien abandonarla. Sobra decirlo, decidí comprometerme con el sufrimiento de esta solitaria comunidad.

La inesperada reunión de primavera con aquellas cinco parejas me llevó a convertirme en abogada, médica, investigadora, administradora y diseñadora de políticas. Las cinco parejas procedieron a fundar la Asociación Nacional para Ciudadanos con Retraso Mental. Jimmy Carter, entonces presidente de los Estados Unidos, me nombró como primera directora del Instituto Nacional de Investigación para Minusválidos.

Para conseguir una vida mejor para estas personas, mi reto ha sido buscar profundamente dentro de mí misma. Dije sí . . . y encontré la misión de mi vida.

Margaret J. Giannini, M.D.

Escribo fatal

Hay una vitalidad, una fuerza de vida, una energía, un nacimiento que a través de nosotros se traduce en acción, y como sólo hay una persona como uno en todo el tiempo, esta expresión es única.

Martha Graham

Cuando tenía quince años anuncié en mi clase de inglés que escribiría e ilustraría mis propios libros. La mitad de los estudiantes se burlaron de mí; el resto casi cae de sus sillas, riendo.

"No seas boba. Sólo los genios pueden ser escritores", dijo la profesora de inglés, desdeñosa. "Y este semestre obtendrás la peor nota de este curso."

Me sentí tan humillada que rompí a llorar. Aquella noche escribí un poema corto y triste acerca de los sueños rotos y lo envié al diario *Capper' s Weekly*. Para mi sorpresa, lo publicaron y me enviaron dos dólares. ¡Era una escritora publicada y pagada! Se los enseñé a mi profesora y a mis compañeros. Rieron.

"Pura y tonta suerte", dijo la profesora.

Había probado el éxito. Había vendido lo primero que escribí. Era más de lo que ninguno de ellos había hecho, y si era "pura y tonta suerte", yo estaba contenta con ello.

Durante los dos años siguientes vendí docenas de poemas, cartas, bromas y recetas. Para cuando terminé la secundaria (con un promedio de apenas C), había llenado varios álbumes con mis trabajos publicados. Nunca más le mencioné mis escritos a mis profesores, amigos ni familiares. Eran asesinos de sueños, y si la persona se ve obligada a elegir entre sus amigos y sus sueños, siempre debe elegir sus sueños.

Sin embargo, en ocasiones encontramos amigos que apoyan nuestros sueños. "No es difícil escribir un libro", me dijo uno de mis nuevos amigos. "Tú puedes hacerlo."

"No sé si soy lo suficientemente inteligente", respondí. De nuevo me sentí como si tuviera quince años y escuchara el eco de las risas.

"¡No seas tonta!", dijo. "Cualquier persona puede escribir un libro si se lo propone."

Para entonces yo era madre de cuatro hijos y el mayor sólo tenía cuatro años. Vivíamos en una granja de cabras en Oklahoma, a varios kilómetros de distancia de todo. Lo único que hacía todo el día era cuidar de los niños, ordeñar las cabras y cocinar, lavar y cuidar del jardín. No había problema.

Mientras los niños dormían la siesta, escribía en mi antigua máquina. Escribía lo que sentía. Me tomó nueve meses, igual que un bebé.

Elegí un editor al azar, puse el manuscrito en un paquete vacío de pañales desechables, la única caja que pude encontrar (nunca había oído hablar de cajas para manuscritos). La carta que incluí decía: "Escribí este libro yo sola, y espero que le agrade. También dibujé las ilustraciones. Los capítulos 6 y 12 son mis predilectos. Gracias".

Até la caja de pañales con un cordel y la envié por correo sin incluir un sobre para la respuesta y sin haber hecho una copia del manuscrito. Un mes después recibí un contrato, un anticipo sobre las regalías y la solicitud de que comenzara a trabajar en un nuevo libro.

Crying Wind se convirtió en uno de los libros mejor vendidos, fue traducido a quince idiomas y al Braille, y se vendió en todo el mundo. Yo aparecía en programas de televisión durante el día y cambiaba pañales en la noche. Viajé de Nueva York a California y al Canadá en giras promocionales. Mi primer libro también se convirtió en lectura obligatoria en las escuelas para indios americanos del Canadá.

Me tomó seis meses escribir mi segundo libro. Lo envié en la caja vacía de uno de los juegos de los niños (todavía no había oído hablar de cajas para manuscritos). *My Searching Heart* también se convirtió en uno de los libros mejor vendidos. Mi siguiente novela, *When I Give My Heart*, la escribí en sólo tres semanas.

El peor año que tuve como escritora, gané dos dólares (tenía quince años, ¿recuerdan?). En mi mejor año gané 36.000 dólares. La mayor parte de los años gano entre 5000 y 10.000 dólares. No, no es suficiente para vivir, pero es más de lo que ganaría trabajando media jornada, y muchísimo más de lo que ganaría si no escribiera.

La gente me pregunta a qué universidad asistí, qué grados y títulos tengo para ser escritora. La respuesta es ninguno. Sólo escribo. No soy un genio. No tengo talento y no escribo bien. Soy perezosa, indisciplinada y paso más tiempo con mis hijos y con mis amigos que escribiendo.

Hasta hace cuatro años no tenía diccionario de sinónimos, y uso un pequeño diccionario de bolsillo que compré en el mercado por 89 centavos. Utilizo una máquina de escribir eléctrica que me costó 129 dólares hace seis años. Nunca he utilizado un computador. Cocino, aseo y lavo para una familia de seis personas, y escribo en mis ratos libres. Escribo todo a mano en papel amarillo mientras me siento en el sofá con mis cuatro hijos, comiendo *pizza* y mirando televisión. Cuando termino el libro, lo paso a máquina y lo envío al editor por correo.

He escrito ocho libros. Cuatro han sido publicados, y tres están todavía en manos de los editores. Uno es malísimo.

A todas las personas que sueñan con escribir les grito: "¡Sí, sí pueden! ¡Sí, pueden hacerlo! ¡No escuchen a los demás!". No escribo bien, pero he superado las probabilidades. Escribir es sencillo y divertido. Cualquiera puede hacerlo. Desde luego, no sobra un poco de tonta suerte.

Linda Stafford

Cuando los sueños se niegan a morir

Recuerda siempre que tu propia decisión de triunfar es más importante que cualquier otra cosa.

Abraham Lincoln

Desde que puedo recordar, siempre me ha fascinado la belleza. Cuando era niña, rodeada por la paralizante semejanza de todos los campos de maíz de los alrededores de Indianápolis, los mundos sofisticados de la moda y de los cosméticos eran un escape maravilloso para mí. Cada vez que veía las propagandas de las revistas para mujeres —todas aquellas modelos preciosas con pieles impecables y maquillajes expertamente aplicados, con cuerpos de estatua adornados con increíbles vestidos de diseñadores— me sentía transportada a lugares exóticos que sólo podía visitar en sueños.

Las propagandas de Revlon eran especialmente maravillosas. Sólo había un problema: en ninguna de ellas aparecía una mujer de color como yo. No obstante, dentro de mí había un "susurro de sabiduría" que me decía que algún día mi sueño se haría realidad y seguiría una carrera en la industria de cosméticos.

Por aquella época muy pocas compañías se molestaban en preparar cosméticos para las mujeres negras, pero mi inspiración provino de C.J. Walker, la primera mujer afro-norteamericana que se hizo millonaria. Comenzó con dos dólares y un sueño, en el mismo pueblo donde nací. Con su propia línea de productos para el cuidado del cabello de mujeres como ella, ganó una fortuna a fines de siglo.

Obtuve un título en educación para la salud pública. Pronto conseguí un empleo en una de las principales compañías de la industria farmacéutica —y me convertí en la primera vendedora afro-norteamericana de productos farmacéuticos en Indiana. La gente se escandalizó cuando lo acepté, porque una mujer negra que vendía enciclopedias en mi territorio había sido asesinada poco antes. De hecho, cuando comencé a trabajar, los médicos a quienes me dirigía me miraban como si tuviera dos cabezas.

Sin embargo, eventualmente, mi carácter singular me favoreció. Los médicos y las enfermeras me recordaban. Logré invertir el efecto del halo negativo al desempeñar mi trabajo mejor que otras personas. Junto con los productos farmacéuticos les vendía galletas hechas por las Niñas Exploradoras, y además ayudaba a las enfermeras con su maquillaje. Comenzaron a aguardar mis visitas con ilusión, no sólo por la novedad sino porque disfrutábamos de esos cálidos intercambios.

En dos años había superado varios récords de ventas y fui reconocida como Distinguido Representante de Ventas, un club antes reservado exclusivamente a los hombres blancos. Esperaba recibir algunos cheques de comisiones arduamente ganadas cuando, de repente, la compañía decidió subdividir el territorio y contrató a un apuesto joven rubio para que tomara mi lugar. Él disfrutaría del resultado de mis esfuerzos, mientras que yo había sido asignada a otra área donde hacía falta mucho trabajo. En aquel momento, mi sueño de una carrera en cosméticos con Revlon parecía estar a millones de kilómetros de distancia.

Desanimada y decepcionada, me mudé a Los Ángeles. Un domingo, mientras miraba con nostalgia los avisos de *Los Angeles Times*, lo encontré: un anuncio solicitando un gerente regional de Revlon. De inmediato me sentí mejor y el lunes en la mañana me precipité a llamar. La persona que respondió me informó que, debido a la abrumadora respuesta, Revlon no aceptaba más historiales profesionales.

Estaba desolada. Pero una querida amiga me dijo: "Marylin, sé que no vas a permitir que este trabajo se te escape por entre los dedos. De todas maneras preséntate". Inspirada y decidida a convertir este reto en una aventura, me dirigí hacia el hotel Marriott donde realizaban las entrevistas. Cuando llegué, uno de los recepcionistas me informó secamente que no podría conseguir una entrevista de ninguna manera, y que el señor Rick English no aceptaría mi historial profesional. Me alejé sonriendo. Al menos ahora sabía el nombre de la persona a quien necesitaba ver.

Decidí almorzar allí para escuchar el susurro de sabiduría que me sugeriría otra estrategia. Así fue; se me ocurrió explicar a la cajera mi situación cuando me disponía a salir del restaurante. De inmediato tomó el teléfono para averiguar en qué habitación se encontraba el señor English. "Habitación 515", me dijo. Mi corazón comenzó a latir con fuerza.

Cuando llegué a la habitación 515, recé una oración y toqué a la puerta. En cuanto abrió, le dije: "No ha encontrado la mejor persona para el cargo porque aún no ha hablado conmigo".

Quedó atónito y respondió: "Espere un momento hasta que termine esta entrevista y luego hablaré con usted".

Cuando entré en la habitación, estaba segura y decidida a que este empleo sería para mí, y lo obtuve.

Mi primer día en Revlon fue como un sueño hecho realidad. Me contrataron para vender una nueva línea de productos para el cuidado del cabello, diseñada especialmente para personas de color. Y para cuando ya llevaba tres años trabajando allí, el público comenzó a exigir productos naturales.

Con el sentimiento del público de mi lado, vi que ésta era mi oportunidad. De nuevo escuché el susurro de sabiduría dentro de mí. Abrí mi propia compañía de cosméticos que, hasta la fecha, continúa proporcionándome un sentimiento de satisfacción imposible de describir.

Creo realmente que nunca debemos renunciar a nuestras esperanzas y sueños. El camino puede ser arduo y tortuoso, pero el mundo espera esa contribución especial con que cada uno nació, para dar. Lo que se necesita es el valor necesario para seguir los susurros de sabiduría que nos guían desde nuestro interior. Cuando los escucho, no espero menos que un milagro.

Marilyn Johnson Kondwani

Debbie Fields recibe "orientación"

Cuando un hombre escribe un libro mejor,
predica un mejor sermón o hace una mejor
trampa para ratones que su vecino, aunque
haya construido su casa en los bosques, el
mundo hará un camino hasta su puerta.

Ralph Waldo Emerson

Debbie Fields se encuentra en una fiesta con su esposo, Randy Fields, un conocido economista y futurista. Debbie, quien sólo tiene diecinueve años, ha abandonado su trabajo para desempeñar el papel de la esposa convencional, y su autoestima se ve afectada por esto. Los invitados se precipitan sobre Randy, deseosos de escuchar sus predicciones sobre la economía. Pero cuando éstos descubren que Debbie sólo es un ama de casa, súbitamente recuerdan una conversación urgente que deben entablar en el salón contiguo. Tratan a Debbie como un cero a la izquierda.

Por último, el anfitrión acosa a Debbie con preguntas. Ella se esfuerza por ser lo que no es realmente —sofisticada, citadina, inteligente. Y luego le pregunta exasperado:

"¿Qué se propone *hacer* con su vida?".

Hecha un atado de nervios, Debbie responde: "Pues bien, principalmente estoy tratando de oridentarme".

"La palabra es *orientarme*", dice con brusquedad el anfitrión. "Al menos aprenda a usar el idioma."

Debbie se siente destruida. De regreso a casa, llora casi sin parar pero de su dolor nace una decisión: nunca, nunca, *nunca* permitirá que algo así vuelva a suceder. No vivirá a la sombra de nadie. Encontrará algo propio.

¿Pero qué?

Una de las cosas que siempre le agradó fue hacer galletas de chocolate. Experimentó con recetas desde los trece años —agregando más mantequilla, menos harina o distintas clases de chocolate, hasta que obtuvo una combinación que parecía ideal: suaves, llenas de mantequilla y con tanto chocolate que si se le agregara un poco más la galleta se quebraría.

Entonces se le ocurre una idea: abrirá una tienda para vender sus galletas.

"Mala idea", dicen los amigos de negocios de Randy, con la boca llena de galletas. "Nunca funcionará." Sacuden la cabeza mientras lamen los últimos pedazos de chocolate de sus dedos. "Olvídalo." Randy pensaba igual. Lo mismo opinaban los funcionarios de la oficina de préstamos a quienes solicitó financiación.

A pesar de todo, a las 9 de la mañana del 18 de agosto de 1977, cuando Debbie tenía veinte años, abrió las puertas de Mrs. Fields´ Chocolate Chippery en Palo Alto, California. El único problema era que nadie entraba a comprar galletas. Para entonces ya estaba desesperada. "Decidí que si debía cerrar el negocio", comentó, "al menos lo haría con estilo". Así que llenó una bandeja y comenzó a caminar por el centro comercial donde se encontraba su tienda, tratando de regalar las galletas. "Nadie las quería", dijo. Sin inmutarse, salió a la calle y comenzó a rogar y suplicar hasta que la gente aceptó sus galletas.

Funcionó. Una vez que las probaron, les fascinaron y entraron a la tienda a comprar más. Cuando terminó el día, había vendido 50 dólares. Al día siguiente, 75. El resto es una historia conocida.

"Debo mi vida a la palabra *orientarme*", dice Debbie.

En la actualidad, Debbie Fields es la presidente y principal aficionada a las galletas de Mrs. Fields, Inc., la principal firma del mercado de tiendas de galletas frescas. Con más de 600 tiendas y 1000 empleados, las ventas de Mrs. Fields Cookies son multimillonarias. Madre de cinco hijos, Debbie continúa compartiendo su filosofía de triunfadora con empresarios y grupos comerciales en todo el mundo.

Celeste Fremon
tomado de Moxie Magazine

Un paseo por los "podría"

Nunca nos encontramos a nosotros mismos hasta que nos enfrentamos con la verdad.

Pearl Bailey

Estaba bien como director de una oficina distrital de Denver, en una de las compañías de Fortune 500. Tenía un auto de la compañía, devengaba un buen salario, era mi propio jefe y podía desplazarme a mi gusto.

Pero estaba aburrido. Descubría la tensión nerviosa asociada con hacer algo que no reclamaba mi atención ni me producía placer. Comencé a llegar a la oficina a las diez de la mañana para evitar la hora pico, y me iba a las cuatro de la tarde por la misma razón. Dos horas para almorzar y una hora perdida, en realidad trabajaba tres horas al día.

Mi esposa sugirió que regresara a la universidad para obtener un título de posgrado. Acepté su consejo y mi futuro cambió para siempre.

Yo tenía una buena formación en el mundo de los negocios; me sentía cómodo con una hoja de balances y una calculadora. Como había encontrado personas tan

diferentes e impredecibles, dejé de preocuparme acerca
de la gente que trabajaba conmigo en un proyecto y sólo
me concentré en avanzar. Pero apareció Leonard
Cushmir, un ejecutivo empleado anteriormente en Knight-
Ridder, y un formidable instructor. Leonard me enseñó
que la gente realmente importa. Me enseñó a mirar más
allá de los dramas que hay en la vida de las personas. Me
ayudó a comprender mejor el "porqué" de lo que hacen y
dejan de hacer. El poder de sus enseñanzas no residía en
la capacidad de analizar a los otros, sino en la capacidad
de analizarme a mí mismo.

Luego conocí a un compañero de la universidad noc-
turna llamado Bruce Fitch. Era director del programa de
desarrollo profesional de Colorado Outward Bound
School, y me pidió que participara en un programa que
próximamente se iniciaría. Estaba dirigido a un grupo
"Rolex" —ejecutivos importantes que ganaban muchísimo
dinero. Bruce pensó que mi experiencia en los negocios
ayudaría a complementar la experiencia profesional del
personal en montañismo.

Me encontré entonces con un grupo de brillantes ejecutivos y gerentes de una compañía Fortune 500. Estábamos
en uno de los territorios más bellos del mundo.
Escalábamos, trepábamos y pasábamos el mejor momento
de nuestras vidas.

Me hice amigo del ejecutivo más importante del grupo.
"¿Le agradaría dar un paseo?", me preguntó una noche.
Caminamos bajo una noche clara y estrellada, guiados por
la luna llena. Yo estaba muy feliz, cuando de repente, el
ejecutivo rompió a llorar. Sus hombros se sacudían y
parecía desahogarse. Yo estaba entrenado en negocios, no
en el corazón humano. Estábamos a millas de distancia
del campamento y no sabía qué hacer.

Después de un rato comenzó a hablar de una vida en la
que no tenía relaciones con su mujer, con sus hijos, y ni

siquiera consigo mismo. "¿Quiere saber cómo es un día de mi vida?", preguntó. "Cuando finalmente llego a casa, bebo dos o tres martinis y me quedo dormido frente al televisor; sólo me despierto para empezar de nuevo al otro día. He estado muerto desde el cuello para abajo desde que puedo recordarlo. Por primera vez, en este viaje, me he sentido vivo." Y luego me dio las gracias. Advertí que el despertar de este hombre a la pobreza de su vida era lo que mis experiencias, mis amigos y mi esposa habían estado diciéndome.

Con esta revelación me situé en el cruce de dos caminos, entre el *puedo* y el *podría*. Puedo continuar viviendo mi vida como siempre lo he hecho, o *podría* elegir una vida que marcara alguna diferencia en la de alguien como este hombre, por ejemplo.

Hoy trabajo con mis clientes sólo sobre lo que podrían hacer, no sobre lo que pueden hacer. Quiero invitar a todos a dar un paseo por los "podría".

Jeff Hoye

Un baño divino

Sin importar cuán profundo sea el estudio que hagas, de lo que sin duda debes depender es de tu propia intuición y, en últimas, sólo conocerás el resultado de tu experimento cuando lo lleves a cabo.

Konosuke Matsushita

Éramos una compañía dedicada a conseguir recursos humanos muy bien entrenados técnicamente. Mi jefe, Angela, y yo, debíamos viajar a la Costa Este para negociar la renovación de un contrato de 26 millones de dólares por dos años, con nuestro principal cliente. De cualquier manera sería un día memorable: conservaría mi empleo como representante de cuentas durante los próximos dos años o enfrentaría la penosa tarea de buscar otro trabajo.

Durante las últimas semanas había sostenido varias conversaciones con el cliente, en las cuales trató de dorarnos la píldora diciendo que al no poder pagar el aumento que solicitábamos, deberíamos reducir voluntariamente nuestras tarifas. Mi jefe había dejado en claro que no tenía intenciones de retractarse del aumento. En nuestra reunión privada me había solicitado que preparara una presentación de diapositivas para justificar el incremento.

No me sentí satisfecha con esta idea, pues recordaba que el cliente se había mostrado muy firme al afirmar que era indispensable reducir las tarifas para seguir negociando con nuestra compañía. Temía que perdiéramos los 26 millones de dólares.

Traté de discutir diplomáticamente estos temores con mi jefe, pero se mostró decidida. Había resuelto que esta vez ellos debían ceder, y no al contrario. Me vinieron a la mente imágenes trágicas.

Nos reunimos en un magnífico salón de juntas, enchapado en madera. Angela presentó las diapositivas y luego se instaló a mi lado, enfrente de los tres gerentes principales. Me estremecí al ver el obvio arreglo de "nosotros y ellos".

Después de treinta minutos de una tensa discusión, plagada de acusaciones por ambas partes, Angela rompió a llorar. ¡No podía creerlo! ¿Y ahora qué? Ellos se disculparon, diciendo que no era su intención herir sus sentimientos, pero que debían mantener una posición firme por el futuro de su compañía. Podía notar que se sentían manipulados por las lágrimas y estaban siendo corteses. También pude ver que estábamos perdidas y que pronto debía comenzar a buscar otro empleo.

Les pregunté si podíamos tomar un descanso de cinco minutos. Todos pensaron que era una buena idea. Luego le pedí a Angela que me acompañara al baño.

Una vez allí le pregunté si podía intentar algo. "Está bien", respondió. "En este momento, nada puede ya perjudicarnos. Voy a salir a tomar un poco de aire." En aquel momento agradecí la intimidad del baño, pues no tenía idea de cómo salvar la situación. Puse mi cabeza entre las manos y recé. Un profesor muy sabio me dijo alguna vez que la oración no es más que la conciencia pidiendo ayuda. Después de muchos años de pensar que orar era cosa de niños, me permití hacerlo de nuevo. Fue todo un alivio.

Respiré profundamente y permití que mi mente imaginara toda la escena que seguiría tal como yo deseaba que se desarrollara. Los vi a ellos tres y a nosotras, todos sentados en un círculo, con los corazones asomados a través de nuestra ropa, latiendo con un rojo encendido. En aquel momento supe que debía mantener mi conciencia en el corazón, sin importar lo demás. Luego los vi riendo. El pensamiento de aquella risa me relajó, aunque no podía imaginar qué nos podría hacer reír así. De alguna manera, me sentí bien al regresar al grupo. Y noté que podía seguir sintiéndome bien, cualquiera que fuese el resultado.

Cuando volvimos a reunirnos, hablé acerca de algunos detalles sin importancia que era necesario discutir. En un momento dado me equivoqué, y dije *mar* en vez de *mal*. Esto fue lo que rompió el hielo. Durante algunos minutos, sólo fuimos seres humanos que reían. La equivocación me hizo recordar que una de nuestras consultoras había sido recientemente invitada por uno de los más importantes clientes de la otra compañía, a un paseo familiar al Mundo del Mar. La pareja era propietaria de un laboratorio que nuestra consultora ayudó a diseñar. Se habían hecho amigos; la invitaban con frecuencia a cenar y eventualmente la adoptaron como la hija que nunca tuvieron. El cliente se mostró muy interesado en esta historia. Mencioné que sólo era una de las muchas anécdotas que mostraban cómo nuestros consultores llevaban una vida maravillosa en sus trabajos de campo, desarrollando una comunidad con sus clientes.

Después de algunas otras anécdotas, noté que la energía del salón se había suavizado. En aquel momento sólo reflexionábamos acerca de los momentos felices, y todos lo estábamos disfrutando.

Luego reí y dije: "Ustedes no sabían que estaban financiando reuniones de comunidad y de 'familia', ¿verdad?".

El vicepresidente respondió: "Marty, si patrocinar reuniones de familia me trae más negocios, pues estoy en el negocio de patrocinar reuniones de familia. ¿Por qué no regresa a su oficina y me envía las estadísticas correspondientes? Si puede demostrarme que reemplazar su equipo estelar de consultores nos costaría más a largo plazo, firmaré este contrato con las tarifas actuales. ¿No creen que es un buen arreglo?".

Sentí como si acabara de suceder un milagro. Y lo más asombroso es que cuando Angela y yo tuvimos una sesión para elaborar un informe acerca del viaje, fui promovida a vicepresidente y, para completar, ¡me ofrecieron un aumento!

Marty Raphael

El abrazo de un adolescente

Ningún acto de bondad, por pequeño que sea, se desperdicia jamás.

Esopo

Quince años en el campo de la educación me han deparado muchos momentos especiales. Uno de los más conmovedores sucedió hace diez años, cuando era profesora de segundo grado.

En el mes de mayo decidí programar algo especial para los niños: una merienda para el Día de la Madre. Nos reunimos a pensar cómo podríamos honrar a las nuestras. Practicamos canciones. Memorizamos un poema. Hicimos velas de arena y las envolvimos en bolsas de papel blanco, adornadas con colores y atadas con hermosas cintas. Escribimos y decoramos tarjetas para ellas, en su día.

Decidimos hacer la merienda el viernes anterior al Día de la Madre. Cada niño llevó a casa una invitación, con la petición de confirmar asistencia al final. Me sorprendió y alivió saber que todas las madres pensaban asistir. Incluso invité a mi propia madre.

Por fin llegó el gran día. A la 1:45 de aquella tarde, todos los niños hicieron una fila en la puerta del salón de clases, esperando la llegada de sus madres. A medida que la hora de comenzar se aproximaba, miré a mi alrededor y mis ojos encontraron rápidamente a Jimmy. Su madre no había venido y parecía muy afectado.

Tomé a mi madre de la mano y me acerqué a él. "Jimmy", le dije, "tengo un pequeño problema y pensé que tú podrías ayudarme. Estaré muy ocupada presentando las canciones y los poemas, y sirviendo el té. Me preguntaba si podrías acompañar a mi madre. Podrías llevarle el té y las galletas, y darle la vela que hice para ella cuando sea el momento".

Mi madre y Jimmy se instalaron en una mesa con otras dos parejas de madres e hijos. Jimmy le sirvió a mi madre su té, le dio el regalo que yo había hecho, le acercó la silla, todo lo que habíamos planeado el día anterior. Cuando los miraba, mi madre y Jimmy estaban sumidos en una profunda conversación.

Guardé aquel recuerdo especial en mi memoria. Ahora, diez años más tarde, trabajo con estudiantes de todas las edades enseñando sobre el medio ambiente. El año pasado asistí a una escuela secundaria para llevar al grupo de último año a un viaje de campo, y allí estaba Jimmy.

Pasamos el día en los baldíos de Montana. Al regresar, pedí a los estudiantes que hicieran un esquema de los eventos del día, una pequeña prueba y una evaluación del viaje. Al recoger los papeles, me aseguraba de que cada uno estuviera completo.

Cuando llegué a la página de evaluación de Jimmy, había escrito: "¿Recuerda la merienda para el Día de la Madre que tuvimos en segundo grado, señora Marra? ¡Yo sí! Le agradezco todo lo que hizo por mí, y por favor dé las gracias a su madre de mi parte".

Al llegar a la escuela, Jimmy se aseguró de ser el último en partir. Le dije que le agradecía lo que había escrito.

Pareció un poco incómodo, murmuró sus agradecimientos y se volteó para marcharse. Cuando el conductor comenzó a apartar el autobús de la vereda, Jimmy corrió y tocó en la puerta. Pensé que había olvidado algo. Saltó dentro y me dio un fuerte abrazo. "Gracias de nuevo, señora Marra. ¡Nadie supo jamás que mi madre no había asistido!"

Terminé el día con el abrazo de un adolescente que, probablemente, había dejado de abrazar a su profesores muchos años atrás.

Nancy Noel Marra

6

CREATIVIDAD EN EL TRABAJO

Todos tenemos lo extraordinario codificado dentro de nosotros... en espera de ser liberado.

Jean Houston

El ajuste

Una sonrisa es una curva que lo endereza todo.

Phyllis Diller

Darrin tenía cuatro años cuando realizó su primera visita al quiropráctico. Estaba atemorizado, como lo están casi todos los niños en su primera visita al médico.

En mi carrera había aprendido pronto que tratar de realizar ajustes a los niños sin antes haberse ganado su confianza sólo tenía como resultado que gritaran, corrieran y se golpearan contra las paredes. Pero si se gana su confianza y se toma el tiempo necesario para desarrollar una buena relación, es posible hacer cualquier cosa y obtener toda su colaboración. Y sólo toma unos momentos.

Una de las técnicas más útiles que he encontrado es mostrar interés por el juguete especial del niño. Cuando sostenemos, tocamos, abrazamos y amamos a su juguete predilecto, se abre una puerta al corazón del niño. He dado miles de ajustes quiroprácticos a osos de peluche, carros de bomberos, muñecas Barbie, balones, juguetes rotos —todo.

Pero la situación de Darrin era diferente.

Yo le había dicho a Jean, la madre de Darrin, que cuando viniera al consultorio trajera su juguete preferido, pero cuando le pregunté qué era, me respondió, "Oh, doctor Stillwagon, no podría traerlo".

"¿Por qué?", pregunté.

Jean replicó: "Se morirá cuando se lo diga, pero el juguete favorito de Darrin es nuestra aspiradora, y no me sentiría bien trayéndola al consultorio".

"Aguarde un momento", contesté. Me dirigí por el pasillo hacia la habitación de los implementos de aseo y conseguí una aspiradora. Corrí con ella por el pasillo hasta mi consultorio. La mirada en los ojos de Darrin fue suficiente para decirme que estábamos en la misma frecuencia de onda, y que pronto seríamos buenos amigos.

Le presenté a nuestra aspiradora, animándolo a que jugara con la bolsa mientras yo le hacía el tratamiento a su madre.

Nuestro procedimiento para examinar a los pacientes incluye el uso de una unidad de escáner infrarroja manual, llamada Derma Therm-O-Graph, que se utiliza para supervisar el progreso del paciente. Después de terminar el tratamiento de Jean tomé este instrumento y lo pasé a lo largo de la aspiradora. Luego la coloqué sobre la mesa de ajustes quiroprácticos y fingí hacerle algunos.

Darrin observaba todos mis movimientos. Le dije que pusiera las manos sobre la aspiradora mientras estaba sobre la mesa. Y que la aspiradora pronto se sentiría mejor.

Luego fue el turno de Darrin. Lleno de confianza se instaló en la silla para que le practicara el escáner, y se reclinó sin temor sobre la mesa de ajustes. Su confianza era completa. Ya éramos amigos, ¡y había hecho mi primer tratamiento a una aspiradora!

G. Stillwagon, D.C., Ph.C.

Hacer el bien y ganar bien

Las firmas excelentes no creen en la excelencia —sólo en el mejoramiento constante y en el cambio permanente.

Tom Peters

Quad/Graphis es una de las compañías de impresión más grandes del mundo. Su autor intelectual fue Harry Quadracci Jr., un genio natural en el campo de la promoción de empleados. Busca constantemente maneras menos costosas, más rápidas y maravillosas de llevar a cabo sus negocios, aplicando siempre los más altos principios de integridad.

Se me pidió que hiciera un seminario de capacitación de cuatro días para cerca de 900 gerentes de la compañía. Como preparación para el seminario, realicé un conjunto de entrevistas telefónicas con un grupo de empleados seleccionados al azar. Una de las entrevistas más interesantes fue la que sostuve con John Imes, su gerente ecológico. La compañía generaba diariamente grandes cantidades de basura en todas sus plantas, y John manejaba todos los desechos líquidos. Él fue llamado algunos años atrás, para ver qué se podía hacer para bajar los costos que producían estos desechos, y para que la compañía cumpliera con las normas y reglamentos de la Agencia de Protección Ambiental.

John me dijo que había llegado a la siguiente conclusión: "Vivimos en este pueblo. Si contaminamos el aire con algo, todos, incluso nuestros hijos, lo inhalaremos. Si contaminamos los arroyos, todos beberemos esta contaminación". Así que decidió que la compañía debía comprometerse a limpiar todo. No obstante, de acuerdo con las políticas de Harry Quadracci, decidió también que esto debía hacerse sin afectar las utilidades de la compañía.

Ocho años después, ¡hasta obtenían ganancias de sus esfuerzos de limpieza! Cumplían a cabalidad con las normas ambientales. Lo primero que John hizo fue invitar al inspector de la agencia ambiental a la planta. "Quiero que usted sea mi socio en hacer que esta planta acate plenamente las normas ambientales. ¿Cómo podemos trabajar juntos para lograrlo?". El inspector le dijo que este tipo de conversación nunca se había llevado a cabo. John respondió: "Quiero que esté aquí conmigo todo el tiempo. No deseo tener una relación antagónica. Quiero que esta planta, así como todas las otras de la compañía, sean limpias, eficientes y eficaces. Unámonos en este proceso".

Al considerar las diversas fuentes posibles de contaminación, la tinta que se usa para imprimir era una de las principales. Descubrieron que podían fabricar tintas de soya. Hasta ese momento, este tipo de tintas presentaba una serie de problemas que la hacía poco práctica. John sugirió a la compañía que investigaran este asunto con más detalle. Pocos años después, ya dentro del negocio de la tinta de soya, las habían perfeccionado; ahora se vendían en todo el mundo.

Luego, otro avance fundamental. Descubrieron que el papel de desecho podía ser utilizado de muchas maneras provechosas. Poco a poco descubrieron que había un uso —y uno que daba rendimientos— para casi todo lo que se descartaba. Mientras que anteriormente cada planta producía varios barriles de basura por día, redujeron los desperdicios a menos de un barril diario.

Para John Imes, cada día se ha convertido en una oportunidad de hacer algo de valor —no sólo para su compañía, sino también para su comunidad.

Hanoch McCarty, Ed.D.

"¡Muévete!"

Cuando amamos y reímos con nuestros pacientes, nos elevamos al grado más alto de sanación, que es la paz interior.

Leslie Gibson

El personal de enfermería de un hospital cercano tenía problemas con el difícil temperamento de un anciano. Se rehusaba a que las personas entraran a su habitación, y a menudo era tan negativo que resultaba imposible administrarle los medicamentos. Un día, una enfermera comprensiva decidió pedirle a un amigo suyo que tuviera un impacto en la vida de aquel hombre.

Al anochecer, mientras el anciano reposaba tranquilo en su cama, la puerta de su habitación poco iluminada se abrió lentamente. Cuando sus ojos se movieron con rapidez hacia la puerta, dispuesto a pedir que salieran, quedó impresionado por una figura que permanecía contemplándolo en silencio. No era el habitual "intruso" del personal del hospital, sino el payaso de un circo. Con la cara pintada, el personaje se precipitó hasta alcanzar la cama del paciente. "¡Muévete!", gritó.

Desconcertado por la orden, el anciano se movió hacia un lado, mientras el payaso primero trepó a su cama, luego ajustó el cobertor y por fin se instaló. Comenzó a hojear un libro que llevaba consigo. "Voy a leerte algo", dijo. Luego comenzó: "Mirringa mirronga la gata candonga, va a dar un convite jugando escondite". El payaso continuó leyendo la colección de rimas infantiles y el hombre lo escuchaba atentamente; con cada página su cuerpo se relajaba. Cuando terminó la lectura, el amargado anciano se acomodó al lado de su juguetón visitante, experimentando un sentimiento de paz que ninguno de los miembros del personal había presenciado jamás. El payaso le dio un beso en la frente y se despidió.

Aquella noche, el paciente, tranquilamente y sin esfuerzo, pasó a la otra vida; en su rostro se veía paz y satisfacción.

Jeffrey Patnaude

Busca una sonrisa y compártela

Si no estás usando tu sonrisa, eres como una persona con un millón de dólares en el banco pero sin chequera.

Les Giblin

Era un típico miércoles. En un ancianato, mi esposa y yo hablábamos de nuestra exitosa recuperación de un infarto. Luego, una de las residentes, Miriam, nos preguntó si teníamos algunos minutos para conversar.

"Siempre he creído que para ser feliz necesitaba tres cosas: alguien a quien amar, algo que hacer, y aguardar algo con ilusión", dijo. "Aquí tengo gente a quien amar, y las actividades me mantienen tan ocupada como lo deseo, pero no aguardo nada con ilusión. ¿Tienen alguna sugerencia?"

"¿Qué aguardabas con ilusión antes de ingresar aquí?", le dijimos.

"Oh, me agradaba mucho reír con otras personas", respondió Miriam.

"Y ¿de qué reían?", preguntamos.

"De todo lo que yo podía ver, escuchar, sentir, probar u oler", dijo con una sonrisa.

En aquel momento se nos ocurrió la idea de iniciar nuestro proyecto. Comenzamos a buscar el humor, utilizando todos nuestros sentidos.

Empezamos con un afiche que decía: *La vida es demasiado importante para tomarla en serio.* Encontramos un botón que decía: *Disfruta de la vida. No estamos en un ensayo general.* En una bolsa de té, encontramos este mensaje: *Usted es como esta bolsa de té . . . sólo en agua caliente se da cuenta de lo fuerte que es.*

Continuamos buscando y encontramos tiras cómicas, vídeos y audiocasetes llenos de humor. La gente nos traía adhesivos para el auto, ilustraciones, libros, juegos, caricaturas y revistas. Confeccionábamos canastas de humor con libros, cintas, tarjetas y juguetes para niños de todas las edades. Los animales de peluche seguían siendo muy populares, seguidos por Slinkies y balones Kusch. Y ninguna canasta estaba completa sin bombas de jabón.

Hicimos, desde luego, una canasta de humor para Miriam, la persona que nos había iniciado en este proyecto. Nos dijo que el momento más agradable del día era aquel en que compartía los contenidos de su canasta con otros: residentes, visitantes . . . con cualquier persona que veía. Alguien dijo que lo que hacía era buscar una sonrisa y compartirla. Así fue como encontramos el nombre de nuestro proyecto, "Busca una sonrisa y compártela".

El proyecto tuvo tanto éxito que otras instituciones se interesaron por él e hicieron pedidos especiales.

Un ancianato nos pidió que hiciéramos un carrito de humor, como un carrito de ventas. Los voluntarios lo llevan por los pasillos, compartiendo sonrisas y risas con muchos residentes. Otro ancianato nos solicitó que diseñáramos un salón de humor, con un equipo para vídeos divertidos. Pronto, algunas familias comenzaron a donar sus vídeos de humor predilectos.

Lo que comenzó como un sencillo gesto para ayudar a una mujer mayor, se convirtió en un proyecto para toda la vida.

Miriam ha partido ya a recibir su recompensa final, pero la última vez que la vimos tenía el siguiente cartel en la puerta de su habitación en el ancianato: *Feliz la mujer que pueda reírse de sí misma. Nunca dejará de divertirse.*

John Murphy

7

SUPERAR
OBSTÁCULOS

*Como hombres y mujeres, es nuestro deber
proceder como si los límites a nuestras
capacidades no existieran.*

Pierre Teilhard de Chardin

Cómo atraer su atención

Nada tiene éxito si no hay espíritus exuberantes que contribuyan a producirlo.

Nietzsche

Hace algunos años, yo era decana de la Facultad Lansing de Enfermería, Educación y Servicios de Salud de Bellarmine College, en Louisville, Kentucky. La facultad estaba situada en lo alto de una colina. Todos los restantes edificios administrativos y académicos estaban ubicados en otra colina.

Un día, a fines de enero, tuvimos una fuerte tormenta de hielo seguida de nieve. El equipo de mantenimiento hizo un trabajo maravilloso limpiando la parte principal del área, pero se "olvidó" de nuestra colina. Cuando llegué a la oficina me vi confrontada por doscientos estudiantes iracundos, doce profesores histéricos y cuatro miembros del personal. Ni la colina ni el estacionamiento se habían limpiado.

Enfrentaba dos retos inmediatos: hacer que despejaran la colina y disminuir la tensión de todas las personas implicadas. Ya había enfrentado esta situación dos meses antes; cuando llamé a la oficina de planta física me respondieron que se encargarían de nosotros en cuanto pudieran.

Esta vez solicité a mi secretaria una orden de compra y otra de solicitud de cheques. Luego, escribí una orden de compra para un elevador de esquí suizo. Como no tenía idea de cuánto podía costar algo así, escribí 600.000 dólares. Supuse que podría conseguir algo por este precio. Luego solicité 60.000 dólares para el depósito requerido. Hasta el día de hoy, no tengo idea de cuál será el procedimiento para este tipo de compra, pero no importaba —lo estaba inventando todo.

Saqué fotocopias de los formularios y las pegué por toda la escuela. Luego hice que las solicitudes ficticias se entregaran personalmente en la oficina del vicepresidente ejecutivo, puesto que de él dependía el departamento de planta física. Informé a su secretaria que se trataba de algo muy importante, y que necesitaba una respuesta a la mayor brevedad.

A los pocos minutos de regresar a la oficina recibí una iracunda llamada telefónica.

"¿Se ha vuelto loca?", gritaba el vicepresidente ejecutivo. "¡No podemos comprar esto! ¿Quién la autorizó para ordenar un elevador de esquí?"

"El presidente", respondí mansamente.

Luego me contaron que colgó el teléfono de un golpe y salió furioso por el pasillo, con la solicitud en la mano, hacia la oficina del presidente. Entró y preguntó enojado: "¿Usted autorizó esto?".

El presidente, que me conocía bien, se tomó su tiempo para leer la orden de compra. Luego lo miró lentamente y dijo: "Usted no despejó la colina, ¿verdad?".

"¿Y por qué simplemente no lo dijo?", bramó el vicepresidente.

El presidente rió. "Desde luego, ella logró conseguir su atención, ¿verdad?"

Diez minutos después, las palas de nieve y los camiones con sal trabajaban en nuestra colina. Todos estaban asomados a las ventanas, riendo y aplaudiendo.

Dr. Ann E. Weeks

La actitud lo es todo

Jerry era del tipo de persona que uno podía llegar a odiar. Siempre estaba de buen humor y tenía algo positivo que decir. Cuando alguien le preguntaba cómo estaba, respondía: "¡Estoy tan bien que no quepo en mi cuerpo!".

Era un gerente único; varios meseros lo habían seguido de restaurante en restaurante, a causa de su actitud. Era un motivador natural. Si un empleado tenía un mal día, Jerry siempre acudía a su lado para decirle que viera el lado positivo de la situación.

Su estilo realmente despertaba mi curiosidad, así que un día me le acerqué y le dije: "¡No lo entiendo! Es imposible ser una persona positiva y animada todo el tiempo. ¿Cómo lo hace?".

Jerry replicó: "Cada mañana me despierto y me digo: 'Jerry, hoy tienes dos opciones. Puedes elegir entre estar de buen humor o de mal humor'. Opto por estar de buen humor. Cada vez que sucede algo malo, puedo optar por ser una víctima o por aprender de ello. Elijo aprender. Cada vez que alguien se queja, puedo optar por aceptar sus quejas, o señalarle el lado positivo de la vida. Yo elijo el lado positivo de la vida."

"Sí, correcto, pero no es tan sencillo", protesté.

"Sí que lo es", dijo Jerry. "La vida es un conjunto de opciones. Una vez que eliminamos toda la basura, toda situación es una opción. Elegimos cómo reaccionar ante las situaciones. Elegimos cómo afectará la gente nuestro estado de ánimo. Elegimos estar de buen o mal humor. Finalmente, elegimos cómo vivir nuestras vidas."

Reflexioné sobre lo que Jerry había dicho. Poco después, dejé la industria de los restaurantes para iniciar mi propio negocio. Nos perdimos de vista, pero a menudo pensaba en él cuando elegía una opción en la vida en lugar de reaccionar ante las circunstancias.

Varios años más tarde escuché que Jerry había hecho algo que nunca se debe hacer en el negocio de restaurantes: una mañana dejó la puerta de atrás abierta y fue asaltado por tres ladrones armados. Mientras trataba de abrir la caja fuerte, su mano, que temblaba por el nerviosismo, resbaló de la cerradura. Los ladrones entraron en pánico y dispararon. Por suerte, lo encontraron relativamente rápido y lo llevaron de urgencias al centro médico local. Después de dieciocho horas de cirugía y semanas de cuidados intensivos, Jerry fue dado de alta del hospital, todavía con fragmentos de bala en su cuerpo.

Vi a Jerry unos seis meses después del accidente. Cuando le pregunté cómo estaba, respondió: "¡Estoy tan bien que no quepo en mi cuerpo! ¿Quieres ver mis cicatrices?". Me negué a ver sus heridas, pero le pregunté qué había pensado cuando sucedía el atraco.

"Lo primero que me pasó por la mente era que hubiera debido cerrar con llave la puerta de atrás", replicó Jerry. "Luego, mientras yacía en el suelo, recordé que tenía dos opciones: podía optar por vivir o por morir. Elegí vivir."

"¿No estabas atemorizado? ¿Perdiste la conciencia?", pregunté.

Él prosiguió: "Los paramédicos se portaron maravillosamente. Todo el tiempo me decían que todo saldría bien. Pero cuando me llevaron a la sala de urgencias y vi la expresión de los médicos y de las enfermeras, realmente me asusté. En sus ojos leía, 'Es hombre muerto'. Entonces supe que debía actuar".

"¿Qué hiciste?", pregunté.

"Pues bien, había una enorme enfermera gritándome", dijo Jerry. "Me preguntó si era alérgico a algo. 'Sí', respondí. Los médicos y las enfermeras se detuvieron y esperaron mi respuesta. Respiré profundamente y grité: '¡A las balas!'. En medio de sus risas, les dije: 'Opté por vivir. Opérenme como si estuviera vivo, no muerto'."

Jerry vivió gracias a la habilidad de sus médicos, pero también gracias a su asombrosa actitud. De él aprendí que cada día tenemos la opción de vivir plenamente. La actitud lo es todo.

Francie Baltazar-Schwartz

El fantasma

"Lo que necesitamos es más gente que se especialice en lo imposible".

Theodore Roethke

En el invierno de 1963, cuando tenía veintitrés años, me encontré a bordo del destructor USS *Eaton* de la Armada de los Estados Unidos, como oficial de Centro de Información de Combates.

Un día después de haber salido del Cabo Hatteras, los extremos de un huracán que subía por la costa comenzaron a tocarnos. Luego nos golpeó. Durante tres días nos acosó; en un momento dado casi me tira por la borda. Vomité durante tres días. Luego, el 29 de noviembre, el huracán nos dejó. Lamimos nuestras heridas durante un día e hicimos las reparaciones necesarias.

Al día siguiente, un jet Phantom cayó en el mar.

Yo había tenido la intención de ofrecer mis servicios a la Armada como piloto de uno de estos aviones. Pero cuando la visión de mi ojo izquierdo disminuyó durante el último año de universidad en Roanoke, mis sueños de ser aviador naval se fueron a pique. Alguien me sugirió que todavía podría volar si me hiciera oficial de intercepción de radar, o RIO, la persona que viaja detrás del piloto y maneja el radar de ataque. Parecía una magnífica idea hasta que supe que esta persona también maneja todas las comunicaciones por radio.

En realidad, el gran problema —*el secreto*— era que yo tartamudeaba. Las palabras más difíciles para mí eran aquellas que comenzaban con sonidos fuertes como t, b, k, g. Vivía con un temor crónico de tartamudear. Decidí evitar la ignominia potencial de que se me pidiera manejar las comunicaciones por radio en un jet y arriesgarme en un destructor donde, esperaba, no tendría que hablar tanto.

Desde luego, la Armada, en su infinita sabiduría, hizo de mí un controlador aéreo. Fue así como pocas semanas después de terminar el entrenamiento, con las entrañas verdes por el huracán, me encontré haciendo guardia en medio de la noche cuando una voz, tan profunda como la de Dios, se escuchó en el radio.

"Ermitaño", dijo la voz. "Éste es el propio Clímax. Cambio."

"Ermitaño" era el código de llamada de mi barco. "Clímax", el de llamada del barco más formidable de la flota, el transportador aéreo USS *Enterprise*, barco bandera del grupo de batalla que escoltábamos a través del Atlántico. "El propio Clímax" era el capitán del *Enterprise*. Mi corazón latía con fuerza.

"Ermitaño, acabamos de perder un Foxtrot Cuatro en la dirección en que ustedes se encuentran", dijo. "Ambos hombres han caído." Traducción: el jet Phantom se había estrellado y nuestro barco estaba siendo comisionado en ese momento como coordinador de la búsqueda y rescate, por ser la nave más cercana a la última posición conocida del avión. Esto significaba que mi deber inmediato era coordinar la búsqueda.

Habría sido imposible encontrar una palabra más difícil de pronunciar para mí que "Clímax". Y como me acababa de graduar de la escuela de controladores aéreos, nunca había sido responsable de un verdadero avión en mi vida. No obstante, con una determinación nacida de las tristes imágenes de dos personas perdidas en esa agua helada, tomé un lápiz y unos audífonos, y me instalé en la consola del radar.

Cuando nos graduamos de la escuela de controladores aéreos, nos dijeron que rara vez tendríamos que controlar más de cuatro o cinco aeronaves a la vez. Ahora yo sostenía conversaciones con quince o veinte aviones, todos dirigidos hacia una convergencia potencialmente desastrosa en el centro de mi pantalla. De la ennegrecida noche las voces comenzaron a llegar en la jerga relajada y bajo presión de los pilotos de la Armada: "Ah, Roger, Ermitaño, éste es Clímax dos tres. Tengo dos cuatro y dos cinco a mi saga. Solicito vector. Cambio". El diálogo continuó así casi durante veinticuatro horas.

Tres o cuatro horas después de haberse iniciado esta situación tan difícil advertí, de repente, que no estaba tartamudeando. No sólo no lo hacía, sino que ni siquiera había pensado en ello. Nunca olvidaré el sentimiento de asombro, alegría, gracia y gratitud que me invadió en aquel momento. Se me ocurrió que en aquella situación sencillamente "no me estaba permitido" tartamudear: había dos personas perdidas que dependían de mí. Me sentí varias veces abrumado por la conciencia de que esto seguramente era una experiencia espiritual, el giro en el camino que cambia la vida, una liberación del cautiverio, un momento de nacimiento.

Como era el único controlador de nuestro pequeño navío calificado para controlar jets, tuve que permanecer en la pantalla toda la noche y luego todo el día siguiente.

Cerca del amanecer, uno de los aviones de búsqueda

divisó una boya de rescate . . . pero sólo encontró fragmentos del casco del RIO y una silla de expulsión. Pero luego, un poco más tarde, otro avión divisó al piloto moviéndose en el mar embravecido. Cambiamos de rumbo para dirigirnos en esa dirección, pero el propio Clímax envió un helicóptero del *Enterprise* para rescatar al piloto y me llamó para decir: "Bravo Zulú, Ermitaño". En el lenguaje de la Armada, esto significa, "¡Bien hecho!".

Llegamos al lugar poco después que el helicóptero y su tripulación de rescate. Mientras ayudaban al piloto a subir a la eslinga, envió de alguna manera un mensaje a nuestro barco. La voz de nuestro capitán se escuchó por el parlante: "Señor Scherer, ¡venga al puente! Una persona desea verlo". El sol comenzaba a salir cuando corrí escaleras arriba. El helicóptero estaba suspendido a 5 metros encima del agua, para que el piloto comenzara a subir.

Nos miramos a través del agua. Sonreí, saludé con la mano y puse mis pulgares hacia arriba. Colgado de la cuerda, antes de desaparecer dentro del helicóptero, el piloto me contempló fijamente durante un momento —y luego me hizo un saludo militar. De pie sobre la tambaleante cubierta del *Eaton*, le devolví el saludo. Y lloré. Había ayudado a encontrar a su Phantom. Él no podía saber que también me había ayudado a encontrar mi propio fantasma.

John Scherer

Seguir motivado

Una idea nueva primero se condena como ridícula, luego se ignora por trivial, hasta que finalmente se convierte en algo que todos sabemos.

William James

"¡Esto jamás funcionará en nuestro negocio!", exclamó Jeff. "Vendemos equipos médicos y es un mercado duro. Nuestros agentes de ventas sólo disponen de diez o quince minutos en cada visita, y tienen que ser buenos y actuar con rapidez."

Jeff, uno de los participantes en mi seminario sobre gerencia de ventas, respondía así a la sugerencia de que los gerentes deberían explorar maneras de ayudar a los vendedores para que siguieran motivados. Yo había mencionado algunas actividades en conexión con la preparación previa de las visitas, tales como leer un capítulo de un libro inspirador, escuchar una cinta de motivación en el auto o usar afirmaciones. "Se lo repito, estas sensiblerías y cosas conmovedoras no funcionarán en nuestro negocio", volvió a decir Jeff.

No obstante, diez días después recibí una llamada de Jeff para invitarme a hablar en la reunión anual de ventas de su compañía. Volvió a prevenirme sobre lo difícil que era su mercado y sobre lo endurecidos y caústicos que eran sus vendedores.

Todo marchó bien y encontré que el personal de ventas de Jeff era similar, en muchos aspectos, a los equipos de ventas típicos con los que trabajo. Jeff tenía razón en una cosa: eran un poco rígidos y estaban a la defensiva.

Cuando comencé a discutir algunas ideas que podían utilizar para centrarse y motivarse más, Jeff volvió los ojos hacia arriba. Podía leer sus pensamientos: "Oh, no. ¡Esto jamás funcionará!". El grupo se agitó incómodo cuando les pedí que pensaran en las posibilidades de la programación positiva.

Les pregunté si alguno tenía "trucos" que empleara para prepararse para las visitas. Desde el fondo del salón, Bruce levantó la mano: "Yo sí". El salón cayó en absoluto silencio. Bruce era el vendedor más nuevo del equipo —sólo llevaba allí algunos meses— y los había superado a todos. Era el mejor vendedor de la compañía.

"Por lo general, antes de hacer una visita estoy muy nervioso", dijo Bruce. "No deseo malograr el trabajo. Así que antes de cada visita sigo una pequeña rutina."

"¿Quisiera decirnos cómo es?", pregunté.

"Seguro", respondió. "Me siento en el auto durante algunos minutos y practico un ejercicio de respiración. ¿Puedo enseñarles cómo es?".

Bruce apartó su silla para que todos pudieran verlo, se sentó y describió cómo inhalaba aire bueno, azul, a través de los talones de los pies, que subía por sus piernas y hasta los pulmones. Luego exhalaba aire rojo, sacando toda la tensión y el nerviosismo de su cuerpo. Sustituía la tensión con afirmaciones positivas hasta que todo el aire que salía también era azul. Inhalaba y exhalaba con un sonido "Ummmm . . .", bastante audible. Repitió este proceso varias veces y luego dijo: "Pues bien, eso es lo que hago".

Nadie decía nada. Miré a Jeff, quien parecía a punto de desmayarse. "No se atreva a comentar nada de lo que dije", me indicó su lenguaje corporal. Me hubiera fascinado decir: "Ya, ya, ya. ¿Ves? ¡te lo dije!". De hecho, nunca se lo mencioné. Creo que recibió el mensaje.

Di las gracias a Bruce y pregunté si alguien más se preparaba para sus visitas. David, el segundo mejor vendedor de la compañía, a quien se le había asignado el territorio de Manhattan en Nueva York —"el más difícil de la compañía"—, se puso de pie. Describió cómo escuchaba una pieza de Mozart en el equipo de su auto para relajarse, concentrarse y "crear confianza y determinación dentro de mí". Luego otros dos participantes compartieron con los demás lo que hacían como preparación para las visitas de ventas.

Cerca de un año después recibí una maravillosa carta del presidente de la compañía de Jeff, donde describía el aumento de las ventas desde aquella reunión, y me agradecía por haber contribuido a lograrlo. Se refirió a algunas de las técnicas de ventas que habíamos presentado. Pero estoy convencido de que las lecciones más importantes de aquella reunión, que realmente tuvieron impacto, provinieron de los mismos participantes.

Mike Stewart

Crédito, no caridad

Las grandes cosas son hechas por personas que tienen grandes pensamientos y luego salen al mundo a hacer realidad sus sueños.

Ernest Holmes

El Banco Grameen salió del bolsillo de un hombre, el doctor Mohammad Yunus. Su historia comienza en 1972, un año después de que Bangladesh ganara la guerra de liberación de Pakistán. El doctor Yunus recientemente había terminado sus estudios de posgrado en Vanderbilt University, en los Estados Unidos, y enseñaba en una universidad de Tennessee, cuando fue invitado a ocupar el cargo de director del Departamento de Economía de la Universidad de Chittagong, al sudeste de Bangladesh.

Llegó a su país con todas las esperanzas que había generado la independencia. Sin embargo, para su sorpresa, el país decaía rápidamente. En 1974 hubo una terrible hambruna y la gente moría en las calles. El doctor Yunus enseñaba economía del desarrollo y cada vez se sentía más frustrado por la diferencia entre lo que describía en el salón de clases y lo que sucedía en el mundo real. Entonces decidió aprender la economía del mundo real, la que correspondía a la vida de la gente.

Como la Universidad de Chittagong se encuentra en medio de aldeas, el doctor Yunus fácilmente pudo acceder, desde los predios de la Universidad, al verdadero Bangladesh. Comenzó a visitar las aldeas y a hablar con los pobres, tratando de descubrir por qué no podían cambiar sus vidas ni sus condiciones de vida. No se acercó a ellos como profesor ni investigador, sino como un ser humano, un vecino.

Un día conoció a una mujer que sólo ganaba dos peniques al día fabricando sillas de bambú. No podía creer que alguien pudiera trabajar tanto y ganar solamente dos peniques al día. Cuando la interrogó, descubrió que no tenía dinero suficiente para comprar el bambú, y se veía obligada a solicitar el dinero en préstamo a un comerciante, el mismo que luego compraba el producto terminado, pero ofreciéndole un precio que apenas cubría los materiales que utilizaba. Su trabajo era casi gratuito; trabajaba como una esclava.

"Bien", pensó, "esto no es difícil de solucionar". Si dispusiera del dinero suficiente para comprar el bambú, podría vender el producto donde obtuviera un buen precio. El doctor Yunus y uno de sus estudiantes pasearon por la aldea durante varios días, para averiguar si había otras personas en la misma situación, que recibían préstamos de los comerciantes y luego perdían lo que hubieran debido ganar. En una semana reunieron una lista de cuarenta y dos personas que estaban en estas condiciones. La suma total de dinero que necesitaban entre todas era de sólo treinta dólares.

Su primera solución fue poner los treinta dólares de su bolsillo. Le pidió al estudiante que les distribuyera el dinero en calidad de préstamo. Pero luego comprendió que ésta no era una verdadera solución; cuando otros aldeanos necesitaran dinero no acudirían a él, pues sólo era un profesor universitario. No estaba en el negocio de las finanzas.

Así fue como se le ocurrió dirigirse al gerente de un banco, a quien la idea le pareció demasiado divertida como para tomarla en consideración. Hacer préstamos por estas cantidades irrisorias no justificaba siquiera el papel que se emplearía en los trámites. Por otra parte, los pobres no disponían de garantías colaterales. El doctor Yunus fue de banco en banco y siempre recibía la misma respuesta. Por fin, retó a uno de los bancos al ofrecerse él mismo como fiador. Seis meses después, aceptaron con reticencia hacer un préstamo de 300 dólares.

Prestó el dinero y todos le pagaron. De nuevo pidió al banco que prestara el dinero directamente, y otra vez se negaron, aduciendo que nunca funcionaría en más de una aldea. El doctor Yunus perseveró. Prestó dinero en diferentes aldeas. Funcionó, pero los banqueros aún no estaban convencidos. La historia se repitió cuando prestó dinero a un distrito al completo.

Por último, el doctor Yunus se preguntó: "¿Por qué corro detrás de estos banqueros? ¿Por qué no establezco mi propio banco y acabo con este problema?". En 1983 el gobierno lo autorizó a abrir un banco, que ahora se llama Banco Grameen. Presta dinero únicamente a las personas más pobres de Bangladesh —las que no poseen tierras ni bienes.

En la actualidad, el Banco Grameen tiene 1048 sucursales y más de dos millones de clientes. Opera en 35.000 aldeas. El banco ha desembolsado más de mil millones de dólares, y el préstamo promedio es de ciento cincuenta dólares. El banco no sólo le presta a los pobres: sus dueños son los pobres. Las personas que reciben un préstamo se convierten en accionistas del banco. De los dos millones de personas que reciben préstamos, el 90% son mujeres, algo inaudito en Bangladesh.

Este banco ha sido imitado en todo el mundo. El doctor Yunus hace énfasis en el hecho de que, en todo momento, se le dijo que esto era imposible y que había muy fuertes razones que lo impedían. Pero la realidad de la situación es que *se está* haciendo, y de una manera brillante e inesperada.

Tomado de un discurso de Mohammad Yunus
y de una entrevista radial concedida
por él a Lapis Magazine

La pregunta

¡Proseguid! Una mejor suerte os espera.

Victor Hugo

¿No es asombroso cuán pocos de nosotros nos hacemos a nosotros mismos la pregunta importante?

Varios años atrás fui invitado a escuchar a una conocida conferencista que se dirigía al cuerpo estudiantil de una pequeña universidad de Carolina del Sur. El auditorio estaba lleno de estudiantes entusiasmados por la oportunidad de escuchar a una persona de su importancia. Después de que el gobernador hizo la presentación, la conferencista tomó el micrófono, miró al público de izquierda a derecha, y comenzó:

"Nací de una madre sorda, que tampoco podía hablar. No sé quién es o era mi padre. El primer trabajo que tuve fue en un campo de algodón".

La audiencia estaba hechizada. "Nada tiene que continuar como es si no es eso lo que desea la persona", prosiguió. "No es suerte, y no son las circunstancias; no es el haber nacido de cierta manera lo que hace que el futuro de una persona se convierta en lo que llega a ser."

Y suavemente, repitió: "Nada tiene que continuar como es si no es eso lo que desea la persona".

"Lo único que una persona tiene que hacer", añadió con voz firme, "para cambiar una situación que le trae infelicidad o insatisfacción, es responder a la pregunta: '¿Cómo quiero que llegue a ser esta situación?'. Luego debe comprometerse totalmente en acciones personales que lo conduzcan a la situación deseada".

Después lució una maravillosa sonrisa, mientras decía: "Mi nombre es Azie Taylor Morton. Hoy me presento ante ustedes como Tesorera de los Estados Unidos de América".

Bob Moore

El sueño americano de Tony Trivisonno

El esfuerzo sólo da sus frutos después de que la persona se niega a renunciar.

Napoleon Hill

Provenía de una pedregosa granja italiana situada al sur de Roma. Cómo o cuándo llegó a los Estados Unidos, no lo sé. Pero una noche lo encontré en la vereda de atrás del garaje. Medía cerca de un metro con setenta y estaba muy delgado.

"Yo corto su césped", dijo. Era difícil comprenderlo.

Le pregunté su nombre. "Tony Trivisonno", replicó. "Yo corto su césped." Le respondí que no podía pagar un jardinero.

"Yo corto su césped", dijo de nuevo, y luego se alejó. Entré a mi casa sintiéndome infeliz. Sí, los días de la Depresión eran difíciles pero, ¿cómo podía rechazar a una persona que había pedido mi ayuda?

Cuando llegué a casa la noche siguiente, el césped estaba cortado, las raíces arrancadas y los caminos libres de maleza. Le pregunté a mi esposa qué había sucedido.

"Un hombre sacó la podadora del garaje y trabajó en el

jardín", respondió. "Yo creí que tú lo habías contratado." Le relaté mi experiencia de la noche anterior. Nos parecía extraño que no hubiera pedido su pago.

Los dos días siguientes estuvimos muy atareados y me olvidé de Tony. Estábamos tratando de reconstruir nuestro negocio y de traer a algunos de nuestros obreros de regreso a las fábricas. Pero el viernes, al llegar a casa, de nuevo vi a Tony detrás del garaje. Lo felicité por el trabajo que había realizado.

"Yo corto su césped", dijo. Me las arreglé para pagarle una pequeña suma cada semana. Todos los días Tony limpiaba el patio y se encargaba de pequeñas tareas. Mi esposa decía que era una gran ayuda cuando había que levantar objetos pesados o reparar alguna cosa.

El verano se convirtió en otoño y soplaba un viento frío. "Señor Craw, pronto nieve", me dijo Tony una noche. "Cuando llegue el invierno, usted me da trabajo para limpiar la nieve en su fábrica."

¿Qué hacer con tanta persistencia y esperanza? Desde luego, Tony obtuvo el trabajo en la fábrica.

Transcurrieron los meses. Pedí al departamento de personal un informe. Dijeron que Tony era muy buen trabajador.

Un día encontré a Tony en el lugar acostumbrado detrás del garaje. "Quiero ser aprendiz", dijo.

Teníamos una escuela bastante buena que entrenaba a los obreros. Pero yo dudaba de que Tony pudiera leer planos y micrómetros, o realizar trabajos de precisión. Sin embargo, ¿cómo podía rechazarlo?

Para poder ser aprendiz, Tony aceptó un pequeño recorte en su salario. Meses después se me informó que se había graduado como moledor capacitado. Había aprendido a leer las millonésimas de pulgada en el micrómetro, y a afinar la rueda con un instrumento fabricado en diamante. Mi esposa y yo estábamos muy complacidos con ello y pensamos que era el final feliz de esta historia.

Pasaron uno o dos años y de nuevo encontré a Tony en el sitio acostumbrado. Hablamos de su trabajo y le pregunté qué deseaba.

"Señor Craw", respondió, "quiero comprar casa". Había encontrado una para la venta en los límites del pueblo, hecha un desastre total.

Llamé a un amigo banquero. "¿Alguna vez presta dinero por el carácter de la persona?", pregunté.

"No", respondió. "No podemos hacerlo. No hay venta."

"Espere un momento", respondí. "Se trata de un hombre muy trabajador, de un hombre de carácter. Puedo atestiguarlo. Tiene un buen empleo. Usted ahora no obtiene absolutamente nada por su lote. Permanecerá allí durante años. Al menos le pagará intereses."

Con gran reticencia, el banquero le hizo una hipoteca por dos mil dólares y le dio la casa a Tony sin cuota inicial. Tony estaba muy complacido. Desde entonces, cualquier cosa que sobrara en casa —una persiana rota, trozos de ferretería, cajas desocupadas— Tony las llevaba a su hogar.

Dos años después, encontré de nuevo a Tony detrás del garaje. Parecía un poco más erguido. Estaba menos delgado. Su mirada denotaba confianza.

"Señor Craw, ¡vendí mi casa!", dijo con orgullo. "Obtuve 8000 dólares."

Yo estaba asombrado. "Pero Tony, ¿cómo vas a vivir sin casa?".

"Señor Craw, compro granja."

Nos sentamos a conversar. Tony me dijo que su sueño era tener una granja. Adoraba los tomates, los pimientos y todos los otros vegetales que eran importantes para su dieta italiana. Envió por su esposa y sus hijos que habían permanecido en Italia. Buscó en los alrededores del pueblo hasta encontrar un pequeño terreno abandonado con una casita y un cobertizo. Ahora se mudaría con su familia a la granja.

Poco después, un domingo en la tarde, llegó Tony bien vestido. Otro italiano estaba con él. Me dijo que había persuadido a uno de sus amigos de infancia para que se mudara a los Estados Unidos. Tony lo estaba patrocinando. Con un guiño, me dijo que cuando se habían aproximado a la pequeña granja que ahora manejaba, su amigo, asombrado, le dijo: "Tony, ¡eres millonario!".

Luego, durante la guerra, recibí un mensaje de la compañía. Tony había muerto.

Le pedí a mis empleados que visitaran a su familia y verificaran que todo se llevara a cabo apropiadamente. Encontraron la granja llena de vegetales, la casita aseada y acogedora. En el patio, había un tractor y un buen auto. Los niños habían recibido educación y trabajaban, y Tony no debía un solo centavo.

Después de su fallecimiento, cada vez con mayor frecuencia pensé en la carrera de Tony. Crecía en estatura en mi mente. Al final, creo que llegó a ser tan alto y orgulloso como el más grande de los industriales norteamericanos.

Todos habían alcanzado el éxito por el mismo camino, y de acuerdo con los mismos valores y principios: visión, perseverancia, determinación, control de sí, optimismo, respeto de sí y, sobre todo, integridad.

Tony no comenzó en el primer peldaño de la escalera; comenzó en el sótano. Sus negocios eran diminutos; los de los grandes industriales enormes, pero su balance era idéntico. La única diferencia era dónde se colocaba la coma decimal.

Tony Trivisonno viajó a los Estados Unidos en busca del sueño americano. Pero no lo encontró —lo creó para sí mismo. Todo lo que tenía eran veinticuatro preciosas horas al día, y no malgastó ni una de ellas.

Frederick C. Crawford

Un viaje de amistad

En presencia del amor, suceden milagros.

Robert Schuller

Curt y yo tenemos el tipo de amistad que todo el mundo quisiera poder experimentar. Encarna el verdadero significado del compañerismo: confianza, solicitud, tomar riesgos y todo lo que puede incluir la amistad en nuestras apresuradas y caóticas vidas.

Nuestra relación comenzó hace muchos años, cuando asistíamos a diferentes escuelas de secundaria, y a través de las competencias deportivas. Sentíamos mutuo respeto por las capacidades atléticas del otro. Con el transcurso del tiempo nos hicimos los mejores amigos. Curt fue el padrino de mi boda y yo el suyo pocos años después, cuando se casó con la joven que en la universidad compartía la habitación con mi hermana. Es también el padrino de mi hijo Nicholas. Sin embargo, el acontecimiento que mejor ilustra nuestro compañerismo, y que consolidó nuestra amistad, ocurrió hace más de veinticinco años cuando teníamos veinte, éramos jóvenes y sin preocupaciones.

Curt y yo asistíamos a una fiesta en la piscina del club local de natación y tenis. Él acababa de ganar un premio, un bello reloj nuevo. Nos dirigíamos hacia el auto, bromeando, cuando Curt se volvió y me dijo: "Steve, has bebido algunos cócteles, amigo —tal vez yo deba conducir". Primero pensé que bromeaba, pero como Curt es decididamente el más sabio de los dos, respeté su sobrio juicio.

"Buena idea", respondí, y le entregué las llaves.

Una vez instalado en el volante, y yo en el sitio del pasajero, dijo: "Necesitaré tu ayuda, pues no sé llegar a tu casa desde aquí".

"No hay problema", respondí.

Curt encendió el auto y partimos —no sin los habituales saltos y paradas de la primera vez. Los diez kilómetros siguientes me parecieron cien, mientras le daba indicaciones a Curt: ahora a la izquierda, más despacio, pronto hay que girar a la derecha, acelera, etc. Lo importante es que aquella noche llegamos sanos y salvos a casa.

Diez años después, durante mi boda, Curt hizo que los ojos de los cuatrocientos invitados se llenaran de lágrimas mientras les relataba la historia de nuestra amistad y de cómo habíamos llegado a casa aquella noche. ¿Por qué es una historia tan extraordinaria? Todos, espero, entregamos nuestras llaves cuando sabemos que no debemos conducir. Pero saben, mi amigo Curt es ciego. Ciego de nacimiento y nunca, antes de aquella noche, había estado al volante de un auto.

Hoy Curt es uno de los más importantes ejecutivos de General Motors en Nueva York, y yo viajo por todo el país motivando a los vendedores para que establezcan relaciones de compañerismo y de amistad perdurables con sus clientes. Nuestra disposición a asumir riesgos y a confiar el uno en el otro continúa dando significado y alegría al viaje de la amistad.

Steven B. Wiley

8

SOBRE
EL VALOR

No teman andar por las ramas. Allí es donde están los frutos.

Arthur F. Lenehan

Billy

Todas las batallas importantes se libran dentro de nosotros mismos.

Sheldon Koggs

Hace algunos años (1983-1987), tuve la oportunidad de representar el personaje de Ronald McDonald para la corporación McDonald´s. Mi zona de trabajo cubría la mayor parte de Arizona y una parte del sur de California.

Uno de nuestros eventos típicos era "El día de Ronald". Un día al mes visitábamos tantos hospitales comunitarios como era posible, llevando un poco de alegría a un lugar al que nadie acude con gusto. Yo me sentía muy orgulloso de poder hacer algo diferente para los niños y adultos que pasaban por un momento difícil. La calidez y gratificación que recibía permanecían conmigo durante varias semanas. Adoraba el proyecto, McDonald´s adoraba el proyecto, los niños y los adultos lo adoraban y lo mismo sucedía con las enfermeras y el personal del hospital.

Durante las visitas se me imponían dos restricciones. Primero, no podía ir a ningún lugar del hospital sin estar acompañado por personal de McDonald´s (mis empleadores) y del hospital. De esta manera, si entraba a una habitación y asustaba a un niño, habría alguien conmigo que solucionaría el problema de inmediato. Segundo, no podía tocar a nadie dentro del hospital. No deseaban que transmitiera gérmenes de un paciente a otro. Comprendía la razón de esta regla de "no tocar", pero no me agradaba. Creo que tocar a alguien es la más honesta forma de comunicación que conocemos. Las palabras impresas y habladas pueden mentir, pero es imposible mentir con un cálido abrazo.

Si rompía cualquiera de estas dos reglas, me explicaron, podía perder mi empleo.

Hacia el final de mi cuarto año de "Días de Ronald", cuando con la cara pintada avanzaba por un pasillo después de un largo día para dirigirme a casa, escuché una vocecita: "Ronald, Ronald".

Me detuve. Provenía de una puerta entreabierta. La abrí y vi a un niño, de cinco años aproximadamente, que reposaba en los brazos de su padre, conectado a más equipos médicos de los que haya visto en mi vida. Su madre estaba del otro lado, junto con la abuela, el abuelo y una enfermera que se encargaba del equipo.

Por el ambiente de la habitación supe que la situación era delicada. Le pregunté al niño su nombre —me dijo que se llamaba Billy— e hice unos pocos trucos sencillos de magia para él. Cuando retrocedí para despedirme, pregunté a Billy si podía hacer algo más por él.

"¿Ronald, me das un abrazo?"

Algo tan sencillo. Pero lo que pasó por mi mente era que si lo tocaba podía perder mi empleo. Entonces le dije a Billy que no podía hacer eso en aquel momento, pero le sugerí que coloreáramos un dibujo. Después de completar una maravillosa obra de arte de la que estábamos muy orgullosos, Billy me pidió de nuevo que lo abrazara. Para entonces mi corazón gritaba "Sí", pero mi mente gritaba

"¡No! ¡Perderás tu empleo!", aún más fuerte.

La segunda vez que Billy me pidió que lo abrazara tuve que reflexionar. ¿Por qué no podía conceder este sencillo deseo a un niño que probablemente no regresaría jamás a su casa? Me pregunté también por qué me encontraba desgarrado lógica y emocionalmente por alguien a quien jamás había visto antes y a quien probablemente no volvería a ver.

"Abrázame." Era algo tan sencillo y, sin embargo . . .

Busqué una respuesta razonable que me permitiera marcharme. No pude encontrar ninguna. Me tomó un momento, pero me di cuenta de que en esta situación, perder mi empleo no era tal vez el desastre que temía.

¿Perder mi empleo era la peor cosa del mundo?

¿No confiaba en mí lo suficiente como para saber que si perdía mi empleo sería capaz de comenzar de nuevo? La respuesta fue un fuerte, osado y positivo "¡sí!". Podía comenzar de nuevo.

Entonces, ¿cuál era el riesgo?

Sólo que si perdía mi empleo, probablemente tardaría poco en perder mi auto, luego mi casa . . . y, para ser honesto, estas cosas me agradaban. Pero sabía que, al final de mi vida, ni el auto ni la casa tendrían ningún valor. Las únicas cosas que tienen un valor perdurable son las experiencias. Cuando me recordé a mí mismo que la verdadera razón por la cual me encontraba allí era para llevar un poco de alegría a un ambiente triste, me di cuenta de que en realidad no enfrentaba ningún riesgo.

Envié a mamá, papá, abuela y abuelo fuera de la habitación, y a mis dos escoltas de McDonald´s al auto. La enfermera que se ocupaba del equipo permaneció allí, pero Billy le pidió que se volviera hacia la pared. Luego alcé a aquel pequeño ser humano maravilloso, tan frágil y temeroso. Reímos y lloramos durante cuarenta y cinco minutos, y hablamos de las cosas que lo preocupaban.

Billy temía que su hermanito se extraviara de regreso del jardín infantil, si él no estaba allí para indicarle el camino. Temía que su perro no tuviera más huesos, porque él los había escondido en la casa antes de volver al hospital, y ahora no recordaba dónde los había ocultado.

Son los problemas de un niño que sabe que no regresará a casa.

Al salir de la habitación, con el maquillaje corrido por las lágrimas, les di a mamá y papá mi verdadero nombre y número telefónico (otra razón para que despidieran automáticamente a Ronald McDonald, aunque supuse que ya me habían despedido y no tenía nada que perder). Les dije que si la corporación McDonald´s o yo podíamos hacer algo, que por favor me lo hicieran saber de inmediato. Menos de cuarenta y ocho horas después, recibí una llamada de la mamá de Billy, para informarme que Billy había fallecido. Ella y su esposo sólo deseaban agradecerme por haber hecho una diferencia en la vida de su hijito.

La mamá me dijo que poco después de haberme marchado, Billy la miró y le dijo: "Mamita, ya no me importa si veo a Santa Claus este año, porque Ronald McDonald me abrazó".

En algunas ocasiones, debemos hacer lo que es correcto para ese momento, a pesar del riesgo percibido. Sólo las experiencias tienen valor, y una de las principales razones por las cuales las personas limitan sus experiencias es por el riesgo que implican.

Para que conste, McDonald´s descubrió lo que había sucedido con Billy pero, dadas las circunstancias, me permitió conservar mi empleo. Continué como Ronald durante un año más, antes de dejar la corporación para compartir la historia de Billy y la importancia de tomar riesgos.

Jeff McMullen

"Si yo fuera realmente importante . . ."

Nadie encuentra que la vida vale la pena vivirla —debe hacer que valga la pena.

Anónimo

En uno de mis talleres "Atreverse a conectar", pedí a todos mis estudiantes que participaran plenamente en su trabajo durante una semana entera. Les dije que "actuaran como si" sus acciones realmente hicieran una diferencia para todos los que los rodeaban. La pregunta que debían hacerse durante la semana era:

"Si yo fuera realmente importante aquí, ¿qué haría?". Y luego debían dedicarse a hacerlo.

Peggy se negó a hacer esta tarea. Se quejaba de que odiaba su empleo en una firma de relaciones públicas, y sólo permanecería allí mientras encontraba otra cosa. Todos los días eran de puro tedio mientras contemplaba el reloj que lentamente marcaba las ocho dolorosas horas. Con gran escepticismo, finalmente decidió ensayarlo sólo por una semana —comprometerse el 100% con su trabajo, "como si" verdaderamente contara.

A la semana siguiente, cuando Peggy entró en el salón,

no podía creer la diferencia de su nivel de energía. Con gran entusiasmo en su voz nos informó sobre los acontecimientos de la semana.

"Mi primer paso fue llevar a esa triste oficina un poco de alegría por medio de algunos afiches y plantas. Luego comencé a prestar real atención a las personas con las que trabajo. Si alguien parecía infeliz, le preguntaba qué le ocurría y si podía ayudarlo. Cuando salía a tomar café, siempre preguntaba si de regreso podía traer algo para los demás. Felicitaba a la gente. Invité a dos de ellos a almorzar. Le dije a mi jefe algo maravilloso acerca de uno de mis colegas (por lo general, ¡sólo hablo maravillas de mí misma!)."

Luego Peggy comenzó a preguntarse cómo podría mejorar las cosas para la propia compañía. "Primero dejé de quejarme del empleo —advertí que yo era una carga. Comencé a adoptar iniciativas y se me ocurrieron algunas buenas ideas que empecé a poner en práctica." Cada día hizo una lista de las cosas que deseaba realizar y se dedicaba a ellas. "Me sorprendió realmente cuánto conseguía hacer en un día ¡si me concentraba en lo que estaba haciendo!", dijo. "Noté también con cuánta rapidez pasa el día si estoy ocupada. Puse un letrero en el escritorio que decía: '¿Si yo fuera realmente importante aquí, qué haría?'. Y cada vez que regresaba a mi antiguo modelo de tedio y de quejas, el letrero me recordaba lo que debía estar haciendo. Esto me ayudó mucho."

¡Qué diferencia había establecido una sencilla pregunta en sólo una semana! Hizo que Peggy se sintiera conectada con todos y con todo lo que la rodeaba, incluyendo la misma organización. Tanto si Peggy decide permanecer allí como si se busca otro empleo, ha aprendido una manera de transformar cualquier experiencia de trabajo.

Susan Jeffers, Ph.D.

¡Se necesita coraje!

*Osar es perder el equilibrio momentáneamente.
No osar es perderse a uno mismo.*

Søren Kierkegaard

Poco después de haber iniciado una carrera en los negocios, supe que Carl Weatherup, presidente de PepsiCo, hablaría en la Universidad de Colorado. Busqué a la persona que manejaba su agenda y conseguí que me concediera una cita. Se me dijo, sin embargo, que su agenda era muy apretada y que sólo disponía de quince minutos, después de la conferencia que daría a la clase de administración.

Me encontraba entonces allí, afuera del auditorio de la Universidad, esperando al presidente de PepsiCo. Podía escuchar cómo le hablaba a los estudiantes . . . y hablaba y hablaba. Comencé a alarmarme: la conferencia no había terminado cuando debía. Ya se había prolongado cinco minutos, lo cual me dejaba apenas con diez. Momento de decisiones.

Escribí una nota al respaldo de mi tarjeta de visita, recordándole que tenía una cita. "Tiene una cita con Jeff

Hoye a las 2:30 de la tarde." Inhalé profundamente, abrí la puerta del auditorio y me dirigí directamente hacia él por el medio del salón, mientras hablaba. El señor Weatherup se detuvo, le entregué la tarjeta y luego me volví y salí por donde había entrado. Justo antes de llegar a la puerta, escuché que le decía al grupo que estaba un poco retrasado. Les agradeció su atención, les deseó suerte y salió hacia donde yo me encontraba conteniendo el aliento.

Miró la tarjeta y luego a mí. "Déjeme adivinar", dijo. "Usted es Jeff." Sonrió. Comencé a respirar de nuevo; entramos en una oficina en la misma universidad y cerramos la puerta.

Pasó los siguientes treinta minutos concediéndome su tiempo, contando algunas anécdotas maravillosas que todavía utilizo. Me entregó una invitación para visitarlo a él y a su compañía en Nueva York. Pero lo que más valoro de lo que me dio fue el ánimo para continuar como lo había venido haciendo. Dijo que se necesitaba valor para interrumpirlo como yo lo había hecho, y que en el mundo de los negocios, y en todas partes, todo se reducía al coraje. Cuando es necesario que algo suceda, o se tiene el valor de actuar o no se tiene.

Jeff Hoye

Un público cautivo

Tu futuro depende de muchas cosas, pero especialmente de ti.

Frank Tyger

Cuando me dirigía apresuradamente al aeropuerto, detuve un taxi enfrente del edificio de apartamentos donde vivo. "Al aeropuerto Kennedy", dije al conductor.

Me instalé cómodamente en el asiento trasero. El amistoso conductor del taxi, algo extraño en Nueva York, entabló una conversación conmigo.

"Bonito el edificio donde vive", dijo.

"Sí", respondí distraídamente.

"¿Lleva mucho tiempo allí?"

"No."

"Apuesto a que la alacena debe ser muy pequeña", dijo.

Ahora había atraído mi atención. "Sí", respondí, "bastante pequeña".

"¿Nunca ha oído hablar de los organizadores de alacenas?", preguntó.

"Sí, supongo que he visto un aviso o algo en los diarios."

"Yo sólo conduzco el taxi media jornada", dijo. "Mi

trabajo de tiempo completo es organizar las alacenas de la gente. Pongo repisas, cajones y otra serie de cosas."

Luego me preguntó si alguna vez había considerado organizar mi alacena.

"Pues bien, no lo sé", respondí. "En realidad sí necesito más espacio. ¿No hay otra compañía de alacenas, California o algo así?"

"Se refiere a California Closet Company. Es la compañía más grande en este negocio. Yo puedo hacer exactamente lo mismo, pero por menos dinero."

"¿Ah, sí?"

"Sí", contestó. Y con esto el conductor me dio una explicación detallada de lo que hace un organizador de alacenas profesional. Concluyó diciendo: "Cuando usted llama a California Closet y ellos van a su casa para hacer una cotización, usted hace lo siguiente: les pide que le dejen una copia de los planos. Desde luego, ellos no desean dejarle nada, pero si usted dice que quiere enseñárselo a su esposa o a su novia, le darán una copia. Entonces me llama, y yo hago lo mismo que harían ellos, pero por un treinta por ciento menos".

"Eso suena muy interesante", dije. "Permítame que le deje una de mis tarjetas y si me llama a la oficina, organizaremos una cita."

Le entregué mi tarjeta y casi se sale de la vía.

"Oh, ¡Dios mío!", exclamó, "¡usted es Neil Balter! Es el fundador de California Closet. Lo vi en el programa de Oprah Winfrey y pensé que la suya era tan buena idea que yo mismo me podía dedicar a ese negocio".

Miró por el espejo retrovisor y me estudió. "He debido reconocerlo. Discúlpeme, señor Balter. No quise decir que su compañía era costosa. No quise decir . . ."

"Tranquilícese", le contesté. "Me agrada su estilo. Usted es una persona inteligente y asertiva. Admiro eso. Tiene un público cautivo en el taxi y saca partido de ello. Se necesita *coraje* para hacer lo que usted hace. ¿Por qué no me llama y vemos qué podemos hacer para que trabaje con nosotros en las ventas?"

Sobra decirlo, vino a trabajar con nosotros, ¡y se convirtió en uno de los mejores vendedores de California Closet!

Neil Balter

Un verdadero líder

Siempre es buen momento para hacer lo correcto.

Martin Luther King Jr.

Pocos años atrás, Pioneer Hi-Bred International, donde yo trabajaba, adquirió la corporación Norand. Los representantes de ventas de Pioneer en ese terreno utilizaban los terminales manuales de Norand para introducir la información diaria de ventas, y para cargar la información sobre nuevos precios e incentivos de ventas. Pioneer compró tantos de estos terminales manuales que la compra de Norand parecía interesante desde el punto de vista financiero. Ser propietaria de Norand le permitía también a Pioneer explorar mercados de alta tecnología fuera del sector de la agricultura.

Pero pocos años después, la tecnología emergente de los computadores personales portátiles hizo que esta unidad manual resultara obsoleta. Pioneer vendió Norand a pérdida. La empresa siempre tomaba un porcentaje determinado de las utilidades anuales para dividirlo equitativamente entre todos los empleados, así que nuestros cheques de participación en las ganancias eran ahora más bajos que si Pioneer no hubiese comprado a Norand. Por si fuera poco, mis acciones de Pioneer perdieron valor como consecuencia de la compra. Nadie estaba complacido.

Cada año, Tom Urban, el presidente ejecutivo de Pioneer, realizaba una visita oficial a cada una de las divisiones para hablar del estado del negocio y para escuchar las preocupaciones de los empleados. Cuando llegó a la sala de reuniones para su primera visita después de la venta de Norand, saludó al grupo, se quitó su saco y lo dobló con cuidado en el respaldo de la silla. Se aflojó la corbata y se subió las mangas de la camisa. Lo que luego dijo era lo último que yo esperaba oír del presidente ejecutivo de una compañía:

"Cometí un error al comprar Norand, y lo siento. Lamento que su participación en las utilidades haya bajado debido a esta compra y que sus acciones hayan sido afectadas por ella. Continuaré tomando riesgos, pero ahora soy un poco más inteligente y trabajaré más duro para ustedes". El salón permaneció en silencio antes de que preguntara si había algún comentario.

Un gran hombre y un líder se presentó aquel día ante nosotros. Mientras lo escuchaba, supe que podía confiar en él y que merecía toda la lealtad que yo pudiera ofrecerle a él y a la compañía. Supe también que podía tomar riesgos en mi propio empleo.

En el breve momento de silencio que antecedió a las preguntas, recuerdo haber pensado que lo hubiera seguido a cualquier batalla.

Martin L. Johnson

El jefe de los exploradores y el vaquero

Nuestra misión es obtener un verdadero discernimiento de los contrarios, primero como contrarios y luego como polos de unidad.

Hermann Hesse

Cuando los dos directivos de una importante compañía de seguros advirtieron que su incapacidad de trabajar juntos era un problema —no sólo para ellos sino para toda la organización— casi era demasiado tarde. Se encontraban en aquel punto que los términos náuticos describen como *in extremis*. Esto significa una situación en la que sólo una acción radical, correcta e inmediata, de parte de ambos barcos, evitará una colisión. Yo estaba haciendo una capacitación en liderazgo intensivo para su compañía cuando me pidieron ayuda. He aquí lo que ocurrió:

Brad, el presidente ejecutivo, decía lo siguiente acerca de Miles, el presidente de operaciones: "El tipo es obstinado. Fuera de control. Siempre hace las cosas a medias y nos compromete en asuntos de los que después debemos salir con dificultad. Me aterra la idea misma de dejarlo acercarse al presupuesto. Si estuviera a su cargo, nunca conseguiríamos hacer la misma cosa dos veces. Saltaríamos al abismo y trataríamos de pensar qué hacer mientras caemos. ¡Me enloquece! Por favor, trate de convencerlo. . .".

Entre tanto, ¡oh sorpresa! —Miles, el presidente de operaciones, tenía dificultades con Brad. "Es tan l-e-n-t-o para actuar. Salen telarañas en las propuestas que le entrego antes de que llegue a leerlas. Siempre tiene dieciséis razones por las cuales no puede hacerlo y, cuando finalmente toma una decisión, ya ha pasado el momento oportuno. ¡Me enloquece! Por favor, haga que me deje en paz".

Aun cuando en público lograban comportarse de una manera profesional, manteniendo una leve apariencia de amistad, las tensiones entre ellos se habían filtrado al resto de la compañía —en algunos casos, ayudadas y propiciadas por sus propias habladurías. Como resultado de esto, el personal se veía obligado a tomar partido. "¿Estás con Miles o con Brad?"

Después de una corta conversación con cada uno de ellos, ambos aceptaron que era el momento de suspender hostilidades y pedir un poco de ayuda. "Encerrémonos en un salón en un centro de conferencias cercano, hasta que podamos resolver este problema", sugerí.

Ambos entraron sonriendo al salón, pero se mostraban un poco nerviosos. "Está bien", dije, "en primer lugar, deben comprender el inmenso impacto negativo que sus problemas sin resolver tienen sobre la compañía. Ambos han perdido mucho respeto entre el personal, incluso de parte de personas que los apoyan. Ambos piensan —aunque jamás lo dirían en voz alta— que la única solución sería que uno de los dos se marche, y ambos planean la manera de que tal cosa pueda hacerse con la mayor rapidez".

"Ésta es la verdad, como yo la veo", proseguí. "A menos

de que encuentren una manera de recobrar mutua confianza y respeto, toda esta compañía está en peligro. ¿Están dispuestos a buscar este objetivo?"

Ambos respondieron afirmativamente: "¿Cómo lo hacemos?".

"En primer lugar, deben comprender que cada uno de ustedes representa no un problema que debe solucionarse, sino el extremo de una polaridad que ha de ser manejada. Tomemos algunos minutos para descubrir cómo se expresa esto en ustedes dos."

Durante la hora siguiente, Brad descubrió que toda su vida había estado tratando de ser una buena persona. De hecho, había sido uno de los líderes nacionales de los Niños Exploradores. Sus más altos valores estaban atados a la confiabilidad, consistencia, preparación, cautela y responsabilidad. Miles, por su parte, siempre había recibido sus recompensas por ser creativo, innovador, rápido, energético, despreocupado y motivador.

Utilizando un enfoque adaptado de Barry Johnson, autor de *Polarity Management*, pedí a cada uno que diera un nombre a su manera de actuar, basado en una característica de la literatura o de la historia. Brad respondió: "¡El mío es fácil! ¡Soy el jefe de los exploradores! He estado intentando ser mejor que Miles y mostrarle cómo debe hacer las cosas. Como jefe de los exploradores es mi tarea mantenerlos a todos —especialmente a Miles— orientados en la dirección correcta y lejos de los problemas".

"Sí, es evidente", dijo Miles. "Y ¿qué tal éste para mí: el vaquero? Soy rápido para disparar, excesivamente rápido muchas veces. Impulsivo. Esto genera cierta cantidad de caos, lo cual está bien para mí y para algunas otras personas, pero causa desastres en la organización. He estado tratando de crear una mala imagen de Brad, de hacerlo aparecer como si fuera lento y anticuado."

Éste era el momento de la verdad. Alcanzarían los

niveles necesarios de coraje, autenticidad y liderazgo, o bien regresarían de nuevo a sus patrones de autoprotección. Gracias a Dios, ambos se lanzaron al abismo, cedieron y buscaron alcanzar algo desconocido que hasta entonces no habían visto.

"Lo siento, Miles; he sido un sabelotodo contigo y te he hecho quedar mal. Me disculpo, especialmente por hablar mal de ti a tus colegas."

"Yo también, Brad. Lamento haber sido una persona tan difícil en el trabajo; te he hecho quedar mal con mis bromas sarcásticas y he estado ridiculizándote a espaldas tuyas con mis amigos."

Intercambiaron el perdón que era necesario, junto con algunas lágrimas de alivio y de alegría. Fue un momento sagrado. Había electricidad en el aire. Los corazones latían con mayor rapidez. Se abrazaron.

Después de algunos minutos, llegó el momento de trasladar esta experiencia a nivel de la organización. Les sugerí que era preciso tener una organización que hubiera dominado *ambas* maneras de actuar; si cualquiera de ellos hubiera "ganado" de alguna forma la disputa, y hubiera conseguido imponer su particular manera de actuar a toda la organización, la compañía pronto hubiera llegado a una grave crisis.

Acordaron trasladar sus esfuerzos para que, en lugar de combatir al otro, lo apoyaran buscando la forma de fortalecerlo, confiriéndole más poder, más efectividad. Predijeron las maneras en que podrían sabotear este acuerdo y determinaron qué hacer cuando esto sucediera. Ambos prometieron dejar las habladurías desde ese mismo instante, y acordaron reunirse con regularidad durante los tres meses siguientes, para comprobar cuánto habían avanzado.

Hablando de coraje, al día siguiente convocaron una reunión del equipo de dirección. Brad llevaba su sombrero de jefe de exploradores, Miles, uno de vaquero y las pistolas de juguete de su hijo. Lenta y cautelosamente, ambos repitieron su interacción con el grupo, tomando su tiempo para explicar en detalle los aspectos más incómodos de la misma. El grupo estaba asombrado. Rieron juntos, lloraron un poco. Al final, recibieron una ovación. Los resultados fueron instantáneos e impactantes.

Los clientes advirtieron la diferencia. Los indicadores más perceptivos, las secretarias ejecutivas, advirtieron la diferencia. Sus esposas la advirtieron. Los otros funcionarios de la compañía también. Desde entonces han manejado varios conflictos que, como lo reconocen, habrían malogrado por completo la relación. Y milagrosamente, Brad, el rígido explorador, se ha relajado hasta el punto de que hizo gala de un humor extraordinario en una reciente reunión de empleados. Miles, por su parte, ha recibido la responsabilidad del presupuesto.

El resultado más asombroso de este ejemplo de valor y liderazgo sucedió la semana anterior, cuando Brad reunió a su equipo de liderazgo y anunció: "Éste es mi último año aquí. Pienso retirarme a fines del año. Sé que se han estado preguntando a quién voy a recomendar a la junta directiva para mi reemplazo como presidente de la compañía. Me siento muy complacido y algo sorprendido al decir que será a Miles. Y lo hago con un verdadero sentido de confianza y optimismo, sabiendo que él es la persona idónea para liderar esta compañía hacia el futuro".

Es asombroso lo que puede hacer un poco de valor en el momento y en el lugar oportunos.

John Scherer

Adoptar una posición

Una persona más su coraje, es una mayoría.

Anónimo

Jackie Robinson hizo historia cuando llegó a ser el primer jugador negro de béisbol que entró a las Ligas Mayores con los Brooklyn Dodgers. Branch Rickey, propietario de los Dodgers en aquella época, dijo a Robinson: "Será difícil. Recibirá agresiones con las que jamás ha soñado. Pero si está dispuesto a intentarlo, lo apoyaré hasta el final".

Y Rickey estaba en lo cierto. Jackie fue agredido verbalmente (por no mencionar la agresión física que recibía de los corredores que llegaban a la segunda base). Insultos raciales por parte del público y de los propios miembros de su equipo, así como de los contrincantes, eran habituales.

Robinson había tenido un día particularmente difícil. Dejó pasar dos bolas y lo abucheaban en todo el campo. Frente a miles de espectadores, Pee Wee Reese, el capitán del equipo y jugador entre segunda y tercera base de los Dodgers, se acercó a Jackie y lo abrazó en la mitad del partido.

"Esto quizá salvó mi carrera", reflexionaba luego Robinson. "Pee Wee me hizo sentir que pertenecía al equipo."

Asegúrese de que todos los empleados sientan que pertenecen al equipo.

Denis Waitley

9

LECCIONES Y ENSEÑANZAS

*V*ive para aprender y aprenderás a vivir.

Proverbio portugués

El ciego

Crecimiento significa cambio y todo cambio implica riesgos, pasar de lo conocido a lo desconocido.

George Shinn

Los autobuses, trenes, aviones y aeropuertos ofrecen un refugio seguro para que los extraños revelen sus historias íntimas a otras personas, porque es probable que jamás se vean de nuevo. Esto fue lo que sucedió un día de primavera de 1983, en el aeropuerto de La Guardia. Yo aguardaba un vuelo cuando un caballero alto, fuerte y bien vestido se sintió lo suficientemente seguro en su anonimato como para instalarse a mi lado y compartir conmigo el siguiente relato:

Estaba terminando mi día de trabajo en la oficina, en el centro de Manhattan. Mi secretaria se había marchado media hora antes, y yo me disponía a salir cuando sonó el teléfono. Era Ruth, mi secretaria. Estaba en pánico. "Dejé un importante paquete en mi escritorio, por error. Es necesario entregarlo de inmediato al Instituto de Ciegos, que está a pocas calles de allí. ¿Podría ayudarme?"

Llamó justo a tiempo; ya salía. Seguro, tendré el mayor gusto en llevar el paquete.

Mientras caminaba hacia el Instituto para Ciegos, un hombre corrió hacia mí. "Gracias a Dios ha llegado usted. Debemos comenzar de inmediato." Me señaló una silla vacía y me dijo que tomara asiento. Antes de que pudiera decir nada, estaba sentado en medio de una hilera de personas, todas videntes. Al frente de nosotros había una hilera de personas, hombres y mujeres, todos ciegos. Un joven de unos veinticinco años se encontraba al frente del salón. Comenzó a darnos instrucciones.

"Dentro de un rato, le pediré a aquellos de ustedes que son ciegos que conozcan a la persona que está sentada al frente. Es importante que tomen todo el tiempo necesario para distinguir sus rasgos, la textura de su cabello, la estructura de su rostro, el ritmo de la respiración, etc. Cuando diga 'comiencen' extenderán las manos para tocar la cabeza de la persona, para sentir la textura de sus cabellos, para determinar si son rizados o lacios, gruesos o delgados. Traten de imaginar de qué color son. Luego, lentamente, coloquen sus dedos sobre la frente. Sientan la fuerza, tamaño y textura de la piel. Utilicen ambas manos para examinar las cejas, ojos, nariz, mejillas, labios, barbilla y cuello. Escuchen la respiración. ¿Es serena o rápida? ¿Pueden escuchar los latidos del corazón? ¿Son rápidos o lentos? Tomen su tiempo —y ahora, comiencen."

Entré en pánico. Quería salir de aquel lugar. No permito que nadie me toque sin mi autorización, y menos un hombre. Está tocando mis cabellos. Qué incomodidad. Ahora ha puesto sus manos sobre mi rostro; estoy transpirando. Escuchará el latido de mi corazón y sabrá que estoy en pánico. Debo serenarme, no puedo mostrarle que he perdido el control. Sentí un suspiro de alivio cuando finalmente terminó.

"Ahora", prosiguió el joven instructor, "las personas videntes tendrán la misma oportunidad de descubrir a la persona que está al frente de ellas. Cierren los ojos e imaginen que nunca han visto a esta persona en su vida. Decidan qué desean saber acerca de esta persona. ¿Quién es? ¿Qué piensa? ¿Qué tipo de sueños tiene? Extiendan las manos y comiencen a tocarla. Sientan la textura de sus cabellos. ¿De qué color son?".

Su voz se perdió en el trasfondo. Antes de que pudiera detenerme, tenía las manos sobre la cabeza del joven que estaba sentado delante de mí. Sus cabellos eran secos y gruesos. No podía recordar el color de sus cabellos. Maldición, nunca recuerdo el color del cabello de nadie.

De hecho, nunca he mirado verdaderamente a nadie. Sólo le digo a la gente lo que debe hacer. La gente no es importante para mí —en realidad jamás me había preocupado por nadie. Mi negocio era importante, los contratos que hacía eran importantes. Esto de tocar, sentir y conocer a otras personas decididamente no era para mí, nunca lo sería.

Continué tocando las cejas, nariz, mejillas y barbilla del joven. Sentí que lloraba por dentro. Había una ternura en mi corazón que no conocía, una vulnerabilidad que nunca me había revelado a mí mismo ni a ninguno de los que me rodeaban. La sentí y me atemoricé. Era evidente que pronto saldría de este edificio. Que saldría y jamás regresaría.

¿Sueños? ¿Tenía sueños este joven sentado delante de mí? ¿Y por qué habría de importarme? No es nada para mí. Tengo dos hijos adolescentes —y ni siquiera conozco sus sueños. Además, sólo piensan en autos, deportes y chicas. No hablamos mucho. No creo que yo les agrade. No creo comprenderlos. Mi esposa —pues bien, ella hace sus cosas y yo las mías.

Estoy transpirando y respirando fuerte. El instructor

nos ordena detenernos. Bajo mi mano y me reclino en la silla. "Ahora", prosigue, "ésta es la última parte del ejercicio. Cada uno tiene tres minutos para compartir con el otro la experiencia que tuvieron de conocer a su pareja. Digan a la otra persona lo que pensaron y sintieron. Díganle lo que aprendieron acerca de ellos. La persona ciega comienza".

El nombre de mi pareja era Henry. Me dijo que inicialmente se había sentido excluido porque pensaba que no tendría pareja aquella tarde. Se alegraba de que yo hubiera llegado a tiempo. Prosiguió diciendo que sentía que yo verdaderamente tenía el valor de tomar el riesgo de ser emotivo y de sentir. "Me impresionó", explicó, "la manera como siguió las instrucciones a pesar de su fuerte reticencia. Su corazón es muy solitario y muy grande. Desea más amor en su vida, pero no sabe cómo pedirlo. Admiro su voluntad de descubrir ese lado de usted que realmente puede tener impacto. Sé que deseaba salir corriendo del salón, pero permaneció aquí. Sentí lo mismo cuando vine aquí por primera vez. Pero ya no temo ser quien soy. Me siento bien al llorar, sentir temor, tener pánico, desear salir corriendo, cerrarme a los otros, ocultarme en mi trabajo. Éstas sólo son emociones normales que estoy aprendiendo a aceptar y a apreciar. Tal vez desee pasar más tiempo aquí y aprender quién es realmente".

Miré a Henry, el ciego, y rompí a llorar. No podía hablar. No había nada que decir. Nunca había conocido un lugar como éste en toda mi vida. Nunca había experimentado esta sabiduría y este amor incondicional. Lo único que recuerdo haber dicho a Henry fue: "Su cabello es castaño y sus ojos claros". Probablemente fue la primera persona en mi vida cuyos ojos jamás olvidaré. Yo era el ciego; Henry era capaz de verse a sí mismo.

La reunión estaba llegando a su fin. Tomé el sobre que

se encontraba debajo de la silla y lo llevé al instructor. "Mi secretaria debía entregarle esto más temprano. Lamento que haya llegado tan tarde."

El instructor sonrió y tomó el sobre; dijo: "Ésta es la primera vez que dirijo una reunión de este tipo. Estaba esperando que llegaran las instrucciones para saber qué debía hacer. Como no llegaron, tuve que improvisar. No me di cuenta de que usted no era uno de los habituales voluntarios. Por favor, acepte mis disculpas".

No le he dicho a nadie, ni siquiera a mi secretaria, que voy al Instituto para Ciegos dos noches por semana. No puedo explicarlo, pero realmente creo que estoy comenzando a sentir amor por la gente. No le diga a nadie en Wall Street que lo dije. Sabe, es un mundo donde todos se atacan, y debo permanecer en control —¿o no? Parece que ya no estoy seguro de ninguna respuesta.

Sé que debo aprender mucho si mis hijos han de respetarme. Curioso que nunca haya dicho esto antes. Los niños deben respetar a sus padres, o al menos era lo que yo siempre escuchaba. Tal vez sea recíproco. Tal vez podamos aprender a respetarnos mutuamente. Por ahora, estoy comenzando a aprender a respetarme y a amarme a mí mismo.

Helice Bridges

Un profesional poco común

*La única medida cierta del éxito es ofrecer más
y mejores servicios de los que se esperan de uno.*

Og Mandino

Me dirigí al extremo oscuro de las repisas de inventario, oprimí mi frente contra la pared y me permití algunos momentos de tranquila desesperación. ¿Continuaría así el resto de mi vida? Allí estaba, dos años después de terminar la escuela, trabajando en otro empleo tonto, mal remunerado y sin perspectivas. Hasta entonces había eludido el problema tratando de no pensar en ello, pero ahora, por alguna razón, esta terrible posibilidad me abrumó. La idea misma extrajo toda la energía de mi cuerpo. Me retiré temprano alegando enfermedad. Regresé a casa, me fui a la cama y me cubrí hasta la cabeza, intentando olvidarme del mañana y de todos los mañanas que seguirían.

Al día siguiente estaba un poco más controlado, pero igualmente deprimido. Desanimado, regresé al trabajo sin esperanzas y reinicié mis tediosas tareas.

Aquella mañana había varios jóvenes nuevos en el

trabajo —trabajadores temporales que incluso se encontraban en un nivel inferior al mío. Uno de ellos atrajo mi atención. Era mayor que los demás y llevaba uniforme. La compañía no usaba uniformes —de hecho no les importaba cómo vestíamos mientras llegáramos al trabajo. Pero este tipo estaba vestido con pantalones marrones bien planchados y una blusa de trabajo, donde aparecía su nombre, Jim, bordado en el bolsillo. Supongo que él mismo compraba su uniforme.

Lo observé todo el día y los días restantes que trabajó con nosotros. Nunca llegaba tarde ni temprano. Trabajaba a un ritmo regular y sin apresuramientos. Era amistoso con todos, pero rara vez hablaba mientras estaba trabajando. Salía con los demás en los ratos de descanso designados a media mañana y a media tarde pero, a diferencia de muchos otros, nunca permanecía más tiempo del señalado.

Para almorzar, algunos de los del equipo traían su comida, pero la mayoría de nosotros usábamos las máquinas dispensadoras. Jim no lo hacía. Traía su almuerzo en una anticuada fiambrera de metal y su café en un termo —ambos gastados por el uso. Algunas personas eran descuidadas para limpiar después de comer. El lugar de Jim en la mesa era impecable y, desde luego, siempre regresaba a su trabajo exactamente a tiempo. No sólo resultaba extraño, sino sobresaliente —¡admirable!

Era el tipo de empleado con que sueñan los gerentes. A pesar de esto, también le agradaba a los otros empleados. No trataba de demeritar a nadie. Hacía lo que se le pedía, ni más ni menos. No participaba en habladurías, no se lamentaba ni discutía. Sólo hacía su trabajo —el trabajo común— con más dignidad personal de la que yo creía posible en este tipo de trabajo pesado y mal remunerado.

Su actitud y todas sus acciones proclamaban que era un profesional. El trabajo podía ser ordinario; él no.

Cuando terminó el trabajo temporal, Jim se marchó a otro puesto, pero la impresión que dejó en mí permaneció. Aun cuando nunca le hablé, cambió por completo mi actitud. Hacía todo lo que podía para seguir su ejemplo.

No compré una fiambrera ni un uniforme, pero sí comencé a fijarme mis propias metas. Trabajaba como un hombre de negocios que cumplía un contrato, así como lo había hecho Jim. Para mi gran sorpresa, los gerentes advirtieron mi nueva productividad y me promovieron. Pocos años después avancé a un empleo mejor remunerado, en una compañía diferente. Y siguió así. Después de trabajar en muchas compañías y muchos años más tarde, inicié mi propio negocio.

Cualquier éxito que haya tenido ha sido el resultado de un duro trabajo y buena suerte, pero creo que la mayor parte de mi suerte fue la lección que recibí de Jim hace tanto tiempo. El respeto no proviene del tipo de trabajo que tengamos, sino de la manera como lo realizamos.

Kenneth L. Shipley

Para combatir la tensión

Por consiguiente, no tengáis cuidado por el día de mañana, porque el día de mañana ya mirará por sí. Bástele a cada día su cuita.

Mateo 6:34

Como estudiante de primer año en la Universidad de Valparaíso, cuando enfrentaba todas las incertidumbres de mi futuro académico y mi vida laboral, tuve la oportunidad de conocer al presidente emérito y canciller de la Universidad. La audiencias eran poco frecuentes. Instalado entre un pequeño grupo de compañeros nerviosos, esperábamos con ansiedad la llegada de aquel hombre reverenciado en toda la Universidad, por no hablar del país y del extranjero, por la excelencia de sus logros y su apreciada sabiduría.

El Dr. O.P. Kretzman llegó en una silla de ruedas, envejecido, con la vista débil. Hubiera podido escucharse la caída de un alfiler. Demasiado pronto, la atención giró hacia nosotros cuando pidió las preguntas del grupo. Silencio. En mi interior sabía que ésta era una oportunidad maravillosa, así que, a pesar de mi temor, reuní el suficiente valor para romper el hielo y hacer mi pregunta.

"¿Qué consejo le daría a un estudiante de primer año, cuando enfrentamos todas las opciones e incertidumbres que nos esperan?" Su respuesta fue sencilla y fuerte: "Muerdan sólo un pedazo de manzana a la vez". Ni más ni menos. Una manera perfecta de combatir la tensión en aquel momento y en todos los momentos de la vida por venir.

Ahora que he estado en el mundo laboral durante veinte años, he añadido otras pocas sugerencias para combatir la tensión y mantener una vida sana. ¡Sírvanse!

1. Cambie sus prioridades
2. Tome un descanso para relajarse
3. Tome distancia y observe
4. Revise sus propósitos
5. Reciba un masaje
6. Salga cinco minutos antes
7. Vea una comedia
8. ¡Avance y deje que Dios actúe!
9. Haga afirmaciones
10. Organice su espacio
11. Comparta sus sentimientos
12. Sienta el aroma de las flores
13. Pida reconocimiento
14. Escuche su intuición
15. Ayude a otra persona
16. Frote sus manos y pies
17. Visualice resultados positivos
18. Cuide su salud
19. No juzgue; bendiga
20. Trabaje en el jardín
21. Elabore un presupuesto
22. Sea empático, no excesivamente sensible
23. Permanezca sereno y medite
24. Use la tecnología para ahorrar tiempo
25. Use el transporte colectivo y disfrute del viaje
26. Deje tiempo para planeación
27. Agradezca las bendiciones que ha recibido
28. No olvide las cosas, escríbalas
29. Simplifique, simplifique, simplifique
30. Discuta los problemas con sus colegas
31. Elimine la conversación destructiva sobre sí mismo
32. Programe tiempo para jugar
33. Cambie su entorno
34. Siga sus ritmos naturales
35. Encuentre un lugar fácil para ofrecer sus talentos

36. Exprésese plenamente
37. Considere los problemas como oportunidades
38. Abandone los "qué hubiera sucedido si . . ."
39. Aclare qué se espera de usted
40. Consulte con los expertos
41. Haga las cosas lo mejor que pueda y luego deténgase
42. Confíe en el orden y en el tiempo divinos
43. Desarrolle la paciencia
44. Respire profundamente
45. Salga a caminar
46. Termine las cosas
47. Tome una siesta
48. Cante una tonada
49. Tome un baño caliente
50. Hable de sus preocupaciones
51. Delegue
52. Hable con su madre o su padre
53. Diga no a veces
54. Modifique los plazos
55. Siga su pasión
56. Cuente un chiste
57. Actúe sus temores
58. Beba grandes cantidades de agua pura
59. Establezca un sistema de apoyo
60. Divida los grandes proyectos
61. Busque consejo
62. Sea amable consigo mismo
63. No facilite los comportamientos impropios de los demás
64. Rece para que haya oportunidades
65. Diga la verdad
66. Obtenga más sueño reparador
67. Perdone y continúe
68. Prepare la comida con anticipación
69. Repárelo o compre uno nuevo
70. Esté preparado para esperar
71. No pretenda tener siempre la razón
72. Concéntrese en el momento
73. Tome un descanso a la hora del almuerzo
74. Lea un libro
75. Cambie su actitud
76. Ría todos los días
77. Desarrolle su autoestima
78. Tome suplementos vitamínicos
79. No más "debería . . ."
80. Evite los excesos
81. Programe una salida especial
82. No se engañe con ilusiones
83. Relaje sus músculos
84. Haga las cosas más lentamente y tome tiempo para mirar

85. Alimente sus buenas amistades
86. Esté en contacto con la naturaleza
87. Escuche música
88. Reduzca la cafeína y el azúcar
89. Haga un ayuno o una limpieza
90. Sea espontáneo
91. Ame a su pareja
92. Tome aire fresco
93. Hágase mimar
94. Sea voluntario
95. Únase a redes de ayuda
96. Mantenga una buena postura
97. Respete sus límites
98. Haga ejercicio regularmente
99. Salga a bailar
100. Suspire ocasionalmente
101. Practique el yoga
102. Llore
103. Busque tiempo para sus aficiones
104. Limite su tiempo de trabajo
105. Negocie/coopere
106. No deje todo para después
107. Desconecte su teléfono/televisor
108. Sea flexible con sus criterios
109. Lleve un diario de sus pensamientos
110. Tome unas vacaciones
111. Organice su escritorio
112. Desarrolle la flexibilidad
113. Permítase imperfecciones
114. No programe demasiadas actividades
115. Revele sus secretos
116. Fortalezca su cuerpo
117. Alimente su fe
118. Abra una cuenta de ahorros
119. Tome sol
120. Ame y sea amado
121. Sepa qué sucede realmente
122. Trabaje en equipo
123. Sonría —abra su corazón
124. Reconozca sus méritos
125. Sueñe despierto
126 ¡Sepa que Dios lo ama!

Tim Clauss

Una lección en liderazgo

Lo que importa no es quién tiene la razón, sino qué es lo correcto.

Thomas Huxley

Nací en Sudáfrica, dos años antes de que el *apartheid* se instituyera como sistema político y social del país. Crecí con todos los privilegios de un sudafricano blanco, y se me enseñó que las personas que tenían la más grande autoridad también eran las más competentes. En mi primer empleo, un hombre me sacó esta creencia errada de manera permanente.

A los veinte años, dejé las blancas playas de Ciudad del Cabo, donde había crecido, para seguir una carrera en Johannesburgo. Egoli, la ciudad de oro, estaba atestada de millones de empleados tribales que, al igual que yo, habían llegado al centro de Sudáfrica para participar de sus riquezas. Trabajaban —a menudo en condiciones extremas y con un futuro sombrío— para sostenerse a sí mismos y a sus familias, que habían permanecido a cientos de kilómetros de distancia, en sus pueblos natales. Yo trabajaba esperando que mis sacrificios serían recompensados con una promoción perpetua dentro de la clase gerencial.

Era empleado de una fábrica. El plan contemplaba que permaneciera varios meses en un departamento de la misma para aprender cómo funcionaba, antes de ser enviado a otro departamento. Al final, conocería todos los entresijos del negocio y estaría preparado para los peldaños superiores de la gerencia.

En el primer departamento se esperaba que yo, un novato, supervisara a ocho hombres experimentados. ¿Cómo era posible que alguien que estaba siendo entrenado recibiera semejante responsabilidad? La respuesta en la Sudáfrica del *apartheid* era sencilla: yo era blanco y ellos negros.

Una mañana de primavera fui llamado a la oficina del director, el señor Tangney. Temblaba mientras me dirigía a los elegantes santuarios administrativos. Sabía lo que nadie más había reconocido abiertamente. Yo era un incompetente. Durante semanas había supervisado la fabricación de válvulas de agua de precisión en bronce. Bajo mi dirección, el equipo había producido un porcentaje intolerablemente alto de desperdicios de metal.

"Siéntate, muchacho", dijo el señor Tangney. "Estoy muy complacido con tus progresos y tengo un trabajo especial para ti y tu equipo. Verás, se prevé que este verano el granizo será otra vez muy fuerte. El año pasado el granizo malogró mi auto y los de otros tres directores. Quisiéramos que tú y tu equipo construyeran un estacionamiento grande para proteger los autos."

"Pero señor", tartamudeé, "¡no sé nada de construcción!". Tangney pareció no escuchar.

Hice lo mejor que pude para determinar qué materiales se necesitaban, los encargué y comenzamos a trabajar. Los hombres permanecían en un silencio poco habitual, y hacían exactamente lo que les decía. Les ordené medir, aserrar y clavar la madera en varios paneles. Yo imaginaba que estos paneles se unirían para formar las paredes y un techo resistente. Luego se construyeron los módulos. Era el momento de unirlo todo. Yo estaba ansioso. Los hombres permanecían en silencio.

Mientras los otros nos miraban, ayudé a uno de los hombres, Philoman, a colocar en su lugar un pesado módulo de construcción. Philoman hablaba muy poco inglés. Hasta aquel momento de esfuerzo conjunto, nunca lo había mirado a los ojos. Como la mayoría de los negros sudafricanos de aquella época —por temor a que fuese considerado como un reto—, Philoman había aprendido a desviar sus ojos de la mirada de los blancos. Mientras maniobrábamos el pesado elemento para ponerlo en su lugar, y al no tener un lenguaje común para comunicarnos, Philoman y yo nos miramos a los ojos para coordinar nuestros movimientos. Nunca olvidaré sus ojos. Cuando se encontraron con los míos, mi identidad como supervisor desapareció y no sólo vi a un negro luchando bajo un enorme peso, sino a un compañero de trabajo.

De nuevo, sin embargo, mis cálculos habían sido errados. Al ver mi depresión por la construcción tan mal hecha, Philoman llamó a sus compañeros.

Todo el equipo se reunió en torno a él, hablando y gesticulando con entusiasmo. Tuve la sensación de que estaban decidiendo mi destino. Luego Philoman tomó un palo y dibujó un tosco diagrama en la arena, hablando todo el tiempo a gritos. Ocasionalmente, uno de los otros agregaba algo. Luego, mientras yo los contemplaba impotente, con Philoman a la cabeza procedieron a rectificar la construcción. Pocas horas después se mostraron satisfechos. Philoman nos reunió a mí y a su equipo y, con una gran sonrisa y el sudor corriéndole por el rostro, se volvió y me dijo: "Basie, lo arreglamos".

Yo estaba muy agradecido. Siempre recordaré la lección

de Philoman en liderazgo. Pero él había hecho más por mí de lo que se propuso. Con gran compasión y humildad me había mostrado la verdad del sistema del *apartheid* y la mentira que éste perpetuaba. La posición no tiene nada que ver con la competencia. Pocos meses después, cuando dejé este empleo, era un joven mucho más sabio.

Michael Shandler, Ed.D.

Las madres tienen razón

Tenemos un millón de razones para el fracaso, pero ni una disculpa.

Rudyard Kipling

A comienzos de la década de los años 80, yo era gerente de ventas en una enorme compañía de entrenamiento. Una de mis responsabilidades era entrenar a la gente en ventas. Desempeñaba bien mi trabajo. Les enseñaba que la falta de tiempo y de oportunidad sólo eran disculpas tentadoras para no producir resultados.

Mi madre, quien vivía cerca de mí, es una inmigrante griega que proviene de una familia de doce hijos. Sólo completó el tercer grado de la escuela primaria. Su mayor penalidad al llegar a su país de adopción fue estar separada de sus amigos y parientes. Algunos de éstos habían venido con ella, pero vivían a una gran distancia dentro de nuestra gran ciudad. El momento más importante de cada semana era el domingo, cuando viajaba durante una hora en bus para asistir a la iglesia. Después del servicio, con una taza de café griego, se reunía con sus amigas para intercambiar chismes e historias de sus familias. Hizo esto durante treinta años.

La población griega en nuestra zona creció lo suficiente como para construir una iglesia en nuestro vecindario. Los miembros del comité decidieron obtener el capital inicial vendiendo boletos para una rifa. Mi madre saltó ante la oportunidad de participar. No tenía entrenamiento formal en el arte de vender, pero eso nunca cruzó por su mente. Su plan era muy sencillo: hablar con suficientes personas acerca de la venta de boletos, y hacerlas sentir culpables si no las compraban.

Allí es donde yo entro en escena. Dijo que como yo era un personaje importante debía conocer a mucha gente. Me dio diez libretas de diez boletos a un dólar cada uno, para un gran total de cien dólares. Una semana más tarde, yo sólo había vendido la mitad de los boletos. ¡Gran error! "Si hubiera tenido más tiempo, habría vendido todos esos boletos que me diste", dije a mi madre. "No tuve tiempo."

"Qué cantidad de tonterías." (Al menos era el equivalente griego de tonterías.) "O haces algo o tienes todas las disculpas de por qué no lo hiciste", respondió enojada mi madre. "Tuviste tiempo de salir a comer, de ver televisión, de hacer deporte, de ir al cine. ¿Qué tiene que ver el tiempo con eso? ¡Nada! Te crees tan listo con toda tu educación y tu importante cargo, pero ni siquiera puedes decir la verdad."

Después de aquella descarga, se echó a llorar. Yo estaba devastado. Acepté rápidamente comprar el resto de mis boletos. De inmediato dejó de llorar y dijo: "Cuando desees algo, haz lo que sea necesario para conseguirlo, incluso llorar". Y luego, con una sonrisa, dijo: "Sabía que las lágrimas te conmoverían y, por ofrecer unas disculpas tan patéticas, te daré diez libretas más. Ahora sal y véndelas todas". Como gerente de ventas, yo era una pálida sombra en comparación con ella.

Mi madre procedió a demostrar que no ofrecer

disculpas podría producir resultados extraordinarios. Vendió más que todos los otros voluntarios, en una proporción de 14 a 1. Vendió *siete mil* boletos. Su competidor más cercano fue una vecina que vendió quinientos.

Aprendí un nuevo nivel de distinción entre tiempo y resultados. Siempre había deseado tener mi propio negocio, pero todo el tiempo me decía que no era el momento oportuno y que no tenía el dinero suficiente. Pero en mi mente escuchaba la voz de mi madre: "O haces algo o tienes todas las disculpas de por qué no lo hiciste".

Seis meses más tarde, dejé mi empleo y comencé con mi propio negocio, entrenando a la gente en manejo del tiempo. ¿Qué otro campo hubiera podido elegir?

Nicholas Economou

Por qué los entrenadores realmente entrenan

El entusiasmo es la corriente eléctrica que mantiene el motor de la vida funcionando a su máxima velocidad . . .

B.C. Forbes

Era el mes de julio. Tuve una temporada de reclutamiento llena de problemas y acabábamos de terminar una temporada de juego especialmente difícil; había sido un año agotador. Como entrenador principal de fútbol americano del Canisius College de Buffalo, Nueva York, dos temporadas antes había asumido una tarea casi imposible: dirigir un programa de fútbol americano en un lugar donde no habían tenido un programa semejante durante más de veinticinco años. Después de buscar por todas partes y visitar lo que parecía ser un conjunto interminable de escuelas secundarias y casas de deportistas estudiantiles, conseguí reunir lo que habría de ser el mejor grupo de jóvenes talentos que se había reclutado jamás.

De repente fui sacado de mis reflexiones. Mi secretaria

me informó que un joven insistía en verme —no pedía, sino que insistía de una manera fuerte y grosera. Le pregunté si parecía un "jugador de fútbol" (grande, malo y confiado). "No, parece un joven que ha venido a jugar, ir a fiestas y tal vez estudiar de vez en cuando", respondió.

Le encargué a mi secretaria decirle al joven que luego lo vería; que averiguara en qué posición jugaba y le pidiera que llenara nuestro formulario de información.

Regresó en 30 segundos. "Mide 1,78, pesa 83 kilos y juega como defensa. Nunca lo conseguirá." Cada uno de nuestros dos aleros defensivos pesaba más de 110 kilos; y medía más de 1,90; además, llevaban dos años en el equipo.

Como les diría cualquier entrenador de fútbol americano de una universidad, un buen porcentaje del tiempo se pierde en "aspirantes" a deportista que insisten en jugar hasta que llega el momento de asistir a las prácticas. Me preparé para el discurso habitual. Pero no había manera de prepararme para lo que estaba a punto de suceder. No en los 30 segundos siguientes . . . sino por el resto de mi vida.

Apenas había comenzado a salir de mi oficina cuando fui saludado por una verdadera avalancha de entusiasmo.

"Hola, entrenador Brooks. Mi nombre es Michael Gee. Se escribe G-E-E. Le apuesto que nunca ha oído hablar de mí. Pero lo hará. ¡Se lo garantizo!"

Respondí: "Tiene razón. No tengo idea de quién es ni, sinceramente, de por qué está aquí. Hemos terminado con el reclutamiento e iniciamos las prácticas en menos de seis semanas. El equipo está completo. Lo siento, pero . . .".

"Entrenador, ya lo he investigado. El fútbol americano es una actividad estudiantil. Solicité el ingreso y fui aceptado como estudiante de primer año. Deseo hacer parte del equipo. Y tiene que permitírmelo. Conozco las reglas, entrenador, pero permítame decirle cómo puedo ayudarlo. Yo fui elegido el año anterior antes de la temporada.

Comencé la temporada. Siempre estaba fatigado, agotado, y no podía apoyar con fuerza la pierna. Fui al médico. Las noticias no eran buenas. Tenía un tumor maligno en el muslo. Pero ya está bien, entrenador. Se lo prometo. La quimioterapia y la rehabilitación lo han limpiado. Incluso he estado practicando. Entrenador, sé que puedo ayudarle. ¡Se lo garantizo! Incluso puedo correr más de un kilómetro sin parar."

En realidad todo esto me impresionó. Mi primera reacción fue insistir en que necesitaba un certificado médico que me asegurara que estaba en condiciones de jugar. Lo trajo. Luego le pedí la autorización de sus padres. Me trajo una carta firmada por ellos. Me tenía en su poder.

Tal como resultaron las cosas, Michael Gee me tuvo en su poder durante los cuatro años siguientes. Más exactamente, tuve la suerte de tenerlo en mi poder. Tres juegos después de comenzar, era una estrella. Conducía al equipo en todo. Michael, nuestro líder y motivador, se convirtió en el capitán del equipo. ¡Incluso llegó a formar parte del equipo de All-American! Además, era uno de los mejores estudiantes y desarrollaba actividades en todos los aspectos de la vida universitaria.

Y Michael Gee saboreaba la vida. Cuando tuve la suerte de ganar la victoria número 50 de mi carrera, Mike Gee fue el primer jugador que me felicitó. Cuando batimos a nuestro mayor rival, Mike Gee me sacó en hombros. Cuando perdíamos un partido difícil, Mike Gee era el primero en decir: "Oye, entrenador, sólo es un juego". Mike Gee fue el primer estudiante que cuidó de nuestro hijo. Yo hasta aspiraba que él se convirtiera en un joven como Mike.

A veces me pregunto qué lo trajo a mi vida. En verdad no tengo la respuesta. Pero puedo decirles esto: aprendí más de Mike Gee de lo que jamás le enseñé, y eso es un don —que realmente permite que los entrenadores sigan entrenando.

William T. Brooks

Haz que tu luz brille

La esencia del genio es utilizar la más sencilla de las ideas.

Charles Peguy

En un pequeño pueblo alejado, un joven estableció su propio negocio —la tienda de la esquina. Era un buen hombre, honesto y amistoso, y la gente lo quería. Compraban su mercancía y lo recomendaban a sus amigos. El negocio prosperó y amplió su tienda. En pocos años la desarrolló hasta convertirla en una cadena de almacenes que se extendía por todo el país.

Un día enfermó. Fue hospitalizado y los médicos temían por su vida. Llamó a sus tres hijos y les planteó este reto: "Uno de ustedes tres será presidente de la compañía que he construido durante toda mi vida. Para decidir cuál de ustedes merece serlo, les daré a cada uno un billete de un dólar. Salgan y compren lo que quieran con él, pero al regresar esta noche al hospital, lo que hayan comprado debe llenar por completo esta habitación".

Los jóvenes se mostraron muy entusiasmados por la oportunidad de manejar aquella empresa exitosa. Cada uno salió y gastó su dólar. Cuando regresaron en la tarde, el padre preguntó a su primer hijo: "¿Qué has hecho con tu dólar?".

"Pues bien, papá", dijo, "fui a la granja de un amigo y compré dos pacas de heno". Después de decir esto, el hijo salió, trajo las pacas de heno, las desató, y procedió a lanzarlo al aire. Por un momento la habitación estuvo cubierta de heno. Pero al poco rato, el heno se asentó en el suelo y la habitación no se cubrió por completo, como lo había pedido el padre.

Preguntó entonces a su segundo hijo, "¿Qué has hecho con tu dólar?".

"Fui a un almacén", dijo, "y compré dos almohadas de plumas". Trajo las almohadas, las abrió y lanzó las plumas por la habitación. Poco después las plumas se asentaron y la habitación no estuvo completamente cubierta, como lo había pedido el padre.

Por fin, preguntó a su tercer hijo: "¿Qué has hecho con tu dólar?".

"Tomé el dólar, papá, y me dirigí a una tienda semejante a la que tenías hace muchos años", respondió. "Pedí al dueño que me diera cambio por el dólar. Invertí cincuenta centavos en algo que valiera la pena, como dice la Biblia. Luego entregué veinte centavos a sendas organizaciones de caridad. Doné veinte más a la iglesia. Sólo me quedaban diez centavos. Con ellos, compré dos cosas."

El hijo buscó en su bolsillo y sacó una caja de fósforos y una pequeña vela. Encendió la vela, apagó la luz, y el cuarto se iluminó. La habitación estaba llena, de un extremo a otro —no de heno ni de plumas, sino de luz.

El padre se mostró muy complacido. "Bien hecho, hijo. Serás presidente de la compañía porque has comprendido una lección muy importante acerca de la vida: cómo hacer brillar tu luz. Esto es maravilloso."

Nido Qubein

¿Más sopa de pollo?

Muchos de los relatos y poemas que aparecen en este libro fueron enviados por lectores como ustedes que habían leído otros libros de *Sopa de pollo para el alma*. En un futuro pensamos publicar más libros de *Sopa de pollo para el alma*. Lo invitamos a que escriba para uno de estos próximos volúmenes.

Los relatos pueden tener hasta 1.200 palabras y deben ser algo que edifique o inspire. Puede ser original o algo recortado del diario local, de una revista, del boletín de su iglesia o una circular de su empresa. También puede ser una de sus citas predilectas que lea con frecuencia o una experiencia personal que lo haya conmovido profundamente.

Además de otras tazas de *Sopa de pollo para el alma*, algunos de los libros que pensamos publicar son: otra taza de *Sopa de pollo para el alma de la mujer, Sopa de pollo para el alma cristiana, Sopa de pollo para el alma del adolescente,* como también *Sopa de pollo . . . para el alma del que ama a los animales, para el alma del niño, para el alma del campesino, para el alma del optimista, para el alma del afligido, para el alma del perseverante, para el alma de los divorciados* y *para el alma de las parejas.*

Basta con que nos envíe una copia de su relato u otro material en inglés, y nos indique para cuál de las publicaciones está destinado, a la siguiente dirección:

Chicken Soup for the Soul
P.O. Box 30880 • Santa Barbara, CA 93130
Tel: 805-563-2935
Fax: 805-563-2945
Página web: *www.chickensoup.com*

También nos puede encontrar bajo "chickensoup" en America Online.

Tanto usted como el autor del escrito recibirán los créditos correspondientes.

Si desea obtener información sobre futuras presentaciones, libros, casetes, videocasetes, seminarios y programas educativos, contáctese directamente con cualquiera de los autores que aparecen en esta obra.

¿Quién es Jack Canfield?

Jack Canfield es uno de los más destacados expertos norteamericanos en el desarrollo del potencial humano y la eficiencia personal. Es un conferencista dinámico y divertido, así como un capacitador altamente solicitado. Jack tiene una maravillosa habilidad para informar e inspirar al público, y para llevarlo a niveles superiores de autoestima y desempeño.

Es autor y narrador de varios programas en grabaciones y vídeos, que incluyen: *Self-Esteem and Peak Performance, How to Build High Self-Esteem, Self-Esteem in the Classroom* y *Chicken Soup for the Soul—Live.* Se presenta con regularidad en programas de televisión, tales como *Good Morning America, 20/20* y *NBC Nightly News.* Ha sido coautor de varios libros, incluyendo la serie de *Sopa de pollo para el alma, Dare to Win* y *The Aladdin Factor* (todos con Mark Victor Hansen), *100 Ways to Build Self-Concept in the Classroom* (con Harold C. Wells) y *Heart at Work* (con Jacqueline Miller).

Jack es un conferencista invitado con regularidad por asociaciones profesionales, distritos escolares, agencias gubernamentales, iglesias, hospitales, organizaciones de ventas y corporaciones. Sus clientes incluyen American Dental Association, American Management Association, AT&T, Campbell Soup, Clairol, Domino's Pizza, GE, ITT, Hartford Insurance, Johnson & Johnson, Million Dollar Roundtable, NCR, New England Telephone, Re/Max, Scott Paper, TRW y Virgin Records. Jack es profesor de Income Builders International, una academia para empresarios.

Una vez al año, Jack dirige un programa de ocho días para capacitadores en las áreas de autoestima y mejor desempeño. Este programa atrae a educadores, consejeros, capacitadores de padres, capacitadores de empresas, conferencistas profesionales, sacerdotes y otras personas interesadas en desarrollar su habilidad para hablar en público y para dirigir seminarios.

Para mayor información acerca de los libros, grabaciones, programas de capacitación o presentaciones de Jack Canfield, puede dirigirse a la siguiente dirección:

The Canfield Training Group
P.O. Box 30880 • Santa Barbara, CA 93130
Tel: 805-563-2935 • Fax: 805-563-2945
Para enviar correo electrónico o visitar nuestra página web:
www.chickensoup.com

¿Quién es Mark Victor Hansen?

Mark Victor Hansen es un conferencista profesional que, durante los últimos veinte años, ha hecho más de cuatro mil presentaciones para más de dos millones de personas en treinta y dos países. Sus presentaciones se refieren a la excelencia y estrategia de ventas, capacitación y desarrollo personal, y a cómo triplicar ingresos y duplicar el tiempo libre.

Mark ha pasado toda su vida dedicado a su misión de tener un impacto profundo y positivo en la vida de la gente. A lo largo de su carrera, ha inspirado a miles de personas a crear un futuro más promisorio y lleno de propósito para sí mismas, a la vez que promueven la venta de miles de millones de dólares en bienes y servicios.

Mark es un escritor prolífico, autor de *Future Diary, How to Achieve Total Prosperity* y *The Miracle of Tithing*. Es coautor de la serie *Sopa de pollo para el alma, Dare to Win* y *The Aladdin Factor* (todos con Jack Canfield) y *The Master Motivator* (con Joe Batten).

Mark ha producido así mismo una biblioteca completa de programas sobre capacitación personal en grabaciones y vídeos, lo que permite a la audiencia reconocer y utilizar sus habilidades innatas en los negocios y en su vida personal. Su mensaje ha hecho de él un personaje popular en la televisión y en la radio; se ha presentado en ABC, NBC, CBS, HBO, PBS y CNN. También ha aparecido en la portada de varias revistas, incluyendo *Success, Entrepreneur* y *Changes*.

Mark es un gran hombre de corazón y de espíritu —una fuente de inspiración para quienes buscan ser mejores.

Puede ponerse en contacto con Mark en la siguiente dirección:

P.O. Box 7665
Newport Beach, CA 92658
Tel: 949-759-9304 / 800-433-2314
Fax: 949-722-6912
Página web: *www.chickensoup.com*

¿Quién es Maida Rogerson?

Nació en Prince Edward Island, Canadá, el escenario de *Anne of Green Gables*. Maida Rogerson es actriz, cantante y escritora. Su distinguida carrera de treinta años en el teatro y la televisión la ha llevado del Atlántico al Pacífico, desde el norte del Canadá hasta Hollywood. Sus éxitos en el cine y la televisión incluyen *Between Friends* con Elizabeth Taylor y Carol Burnett, y *Heartsounds* con Mary Tyler Moore y James Garner. Estudió ópera en Italia y se ha presentado ante la reina Isabel II de Inglaterra.

Maida disfruta de la exploración de una gran variedad de expresiones artísticas. Es una ávida lectora, con un interés especial por la diversidad cultural y un profundo aprecio por el arte folclórico, la música mundial y la danza étnica. Sus viajes la han llevado al Oriente, el Medio Oriente, a Sudamérica y Europa. Donde quiera que vaya, Maida colecciona relatos conmovedores y abre los corazones a la riqueza y alegría de vivir.

Desde que se mudó a los Estados Unidos en 1990, Maida trabaja con su esposo, Martin Rutte, explorando la integración de los valores espirituales al lugar de trabajo. Las contribuciones a su compañía, Livelihood, incluyen escribir discursos, investigaciones y desarrollo de talleres. Desde su casa en Santa Fe, Nuevo México, continúa con su carrera de actriz y ha escrito dos libretos. En la actualidad adelanta investigaciones para dos nuevos libros que tratan del poder del reconocimiento y del uso del orden para simplificar nuestras vidas.

El trabajo de Maida refleja un profundo deseo y compromiso de ayudar a la gente a abrir sus corazones y experimentar la unidad de toda la humanidad. Cree que la narrativa, bien sea a través del teatro, los libros u otros medios, tiene el poder de conmovernos, inspirarnos y transformarnos. Puede ponerse en contacto con ella en la siguiente dirección:

Livelihood
64 Camerada Loop
Santa Fe, NM 87505
Tel: 505-466-1510 • Fax: 505-466-1514

¿Quién es Martin Rutte?

Martin Rutte es un conferencista y consultor internacional. Como presidente de Livelihood, una firma de consultores de gerencia de Santa Fe, Nuevo México, explora el sentido más profundo del trabajo y su contribución a la sociedad. El centro de interés de la compañía incluye visión estratégica, espíritu corporativo y liderazgo creativo.

Martin ha trabajado con organizaciones tales como Southern California Edison, Sony Pictures Entertainment, Labatt Breweries, el Banco Mundial, Quad/Graphics, Virgin Records y London Life Insurance, para ayudarles a ampliar su perspectiva y a asumir una posición de liderazgo para el futuro. Fue el primer canadiense que se dirigió al Foro de Liderazgo Corporativo y Ética de la Facultad de Administración de Harvard, y ha regresado durante cuatro años consecutivos como conferencista especial. Se ha dirigido también, en dos ocasiones, a las reuniones conjuntas de las cámaras de comercio norteamericana y canadiense en Hong Kong.

Como líder en el campo reciente de la espiritualidad en el lugar de trabajo, Martin está comprometido con vincular el comercio a su fuente natural de creatividad, innovación y compasión. Su labor pionera sobre la espiritualidad en el lugar de trabajo fue objeto de un programa especial de televisión en el canal ABC, "Creatividad: Tocando lo Divino". Fue también uno de los presentadores especiales de la primera Conferencia Internacional sobre Espiritualidad en los Negocios que tuvo lugar en Mazatlán, México.

Se han publicado artículos sobre su novedoso trabajo en el *Miami Herald, Toronto Star, South China Morning Post, Personnel Journal* y *St. Louis Post-Dispatch*. En la actualidad trabaja en un nuevo libro titulado *Being in Business: The Renaissance of Spirit at Work*.

Martin es miembro de la Junta Asesora de Money Concepts Canada. Ha sido miembro de la Junta Directiva de Global Family y de The Hunger Project-Canada y miembro del comité de la Sociedad Canadiense contra el Cáncer. Disfruta de la monoimprenta, los viajes internacionales y el contacto con otros empresarios innovadores.

Para obtener información adicional acerca de sus conferencias, cintas y consultorías, sírvase ponerse en contacto con:

Livelihood
64 Camerada Loop
Santa Fe, NM 87505
Tel: 505-466-1510 • Fax: 505-466-1514

¿Quién es Tim Clauss?

Tim Clauss es un educador de negocios, director de seminarios y un talentoso consejero espiritual. Como consultor privado, centrado en el conocimiento intuitivo, Tim ha ayudado a miles de personas a conseguir grandes resultados y vidas más plenas. Es altamente respetado por su integridad, visión, sensibilidad a las situaciones y compromiso con las transformaciones positivas y sublimadoras en la vida de la gente.

Tim se ha desempeñado como organizador profesional durante veinte años, ayudando a personas y a compañías a "ordenar" y a hacer más eficiente su entorno. Sus clientes incluyen corporaciones, hospitales, empresarios, organizaciones sin ánimo de lucro, y la campaña de un vicepresidente de los Estados Unidos, donde actuó como coordinador de operaciones.

Tim es, así mismo, escritor profesional. Como vicepresidente y director de seminarios de una firma de gerencia con sede en Chicago, Tim es coautor de los métodos de capacitación titulados *The Success Factor, Managing for Extraordinary Results* y *Completing to Move On*. Como parte de Global Family, una organización pacifista sin ánimo de lucro que tiene representación en cuarenta países, es coautor de *Social Creativity and Cooperation for the 1990s*, y continúa desempeñándose como consejero y editor de la circular internacional de esta organización.

En la actualidad reside en el norte de Nuevo México, donde es socio y gerente de Taos Massage & Wellness Center. Adicionalmente a su trabajo como consultor, enseña administración en las escuelas locales de sanación natural. En el libro que está escribiendo ahora, expone las maneras como podemos traer orden y sencillez a nuestros atareados y caóticos estilos de vida. Puede ponerse en contacto con él en la siguiente dirección:

P.O. Box 1777
Ranchos de Taos, NM 87557
Tel: 505-751-1492

Colaboradores

Algunos de los cuentos de este libro fueron tomados de libros que hemos leído. Estas fuentes están mencionadas en la sección de Permisos. Otros cuentos y poemas fueron donados por amigos nuestros del mundo comercial. Si desea comunicarse con ellos para solicitar información sobre sus libros, cintas y seminarios, puede hacerlo a través de las direcciones y números de teléfono que se detallan más abajo.

Varios cuentos también fueron donados por lectores como usted en respuesta a nuestra petición. También hemos incluido información acerca de ellos.

Francie Baltazar-Schwartz es un orador de contenidos profesional que motiva a su público a tomar iniciativas. Francie se especializa en estrategias de comunicación, liderazgo/capacitación y creación de equipos. Puede comunicarse con Francie a través de Internet en *http://www.spectracomm.com* o llamando al 214-373-8075.

Neil Balter es el autor de "A Captive Audience", que es un extracto de su libro *The Closet Entrepreneur* (publicado por Career Press). El libro está disponible en librerías de todo el mundo o puede solicitarlo llamando al 800-955-7373 o escribiendo a Career Press, 3 Tice Rd., Franklin Lakes, NJ 07417.

Christine Barnes es una profesional de desarrollo de recursos humanos/organizaciones quien ha trabajado en Canadá y EE.UU. Actualmente, trabaja en San Francisco para una gran compañía tecnológica y está buscando otras con quien poder intercambiar ideas sobre la espiritualidad en los negocios y el liderazgo. Puede comunicarse con ella llamando al 415-382-8552.

Angela Barnett trabaja para una compañía de seguros para la salud en Minneapolis, MN. A lo largo de los años, ha disfrutado la narración de muchas maneras. *Chicken Soup for the Soul at Work* brinda la posibilidad de compartir su verdadera historia en forma especial.

Sharon Borjesson es una ex maestra de segundo grado. Se casó con un oficial de la Marina y se convirtió en madre de dos hijos, viajando y viviendo por todo nuestro gran país. Se estableció en San Diego en 1969 y comenzó la carrera de bienes raíces.

Helice Bridges es la creadora de la ceremonia de cinta azul mundialmente famosa "Who I Am Makes A Difference". Su mensaje a llegado a 4,5 millones de personas en todo el mundo. Es una reconocida oradora/animadora, autora y narradora maestra. Helice se especializa en enseñar a las personas cómo dar lo mejor de uno mismo en un minuto o menos. Para solicitar las Cintas Azules o para comunicarse con Helice escriba a P.O. Box 2115, Del Mar, CA 92014 o llame al 619-634-1851, fax 619-634-2746.

William T. Brooks es un ex entrenador de fútbol americano y brinda charlas

150 veces al año. Sus ocho libros y otras tantas herramientas de entrenamiento son usados por miles de organizaciones. Puede localizarlo en The Brooks Group, 1903 Ashwood Ct., Suite C, Greensboro, NC 27455 o llamando al 800-633-7762.

Joyce Ayer Brown es directora de Servicios de Voluntarios en una dependencia de cuidado. Ha trabajado en el cuidado prolongado durante 18 años. Escribe poesía inspirativa y comúnmente la recita en programas para iglesias o a los residentes del hogar para ancianos. Puede localizar a Joyce en su casa ubicada en 307 W. Elizabeth Dr., Raymore, MO 64083 o llamando al 816-331-1233.

Michael Cody, brigadier general retirado, es un orador, educador y animador reconocido mundialmente. Mike se especializa en seminarios de liderazgo, motivación, gerencia, comunicaciones e historia. Puede localizarlo en 1716 Singletary NE, Albuquerque, NM 87112 o bien, llamando al 505-293-3729.

Charles A. Coonradt es el autor de *The Game of Work* y *Managing the Obvious*. Ambos libros son considerados esenciales de leer para gerenciar. Su compañía, The Game of Work, Inc., continúa mejorando la productividad y utilidad para sus clientes desde 1973. Se lo reconoce internacionalmente como un autor, orador y asesor. Más de 1 millón de personas han oído sus exclusivos conceptos. Puede localizarlo en 1912 Sidewinder Dr., Suite 201, Park City, UT 84060 o bien, llamando al 800-438-6074.

Joy Curci ha sido denominada la Forrest Gump de la industria de limpieza de hogares. Durante 20 años ha llevado consigo las llaves que abren las puertas de las casas de sus clientes así como sus vidas privadas. Muchos de estos cuentos se encuentran en su próximo libro *Spring Cleaning for Your Soul*. Es una animadora divertida y motivadora y aún es propietaria de una de las más grandes compañías de limpieza de hogares del Nordeste. Puede localizarla en 156 Seas Dr., Jamestown, MI 02635 o llamando al 401-423-3732.

Kenneth G. Davis, M.D., es un médico de familia, especialista en adicciones, y reconocido orador nacional acerca del autocuidado y la relación paciente-médico, que explora en su próximo libro titulado *Dancing with Your Doctor*. Para solicitar una copia de la carta de anuncio "Health Yourself", llame al 409-756-3321.

Mary Ann Dockins es una profesional médica maestra certificada/autorizada de terapia temporal de NLP e hipnosis. Se especializa en las áreas de autoestima, poder personal y motivación. Además, patrocina talleres para los sobrevivientes de cáncer. Mary Ann ha estado en oratoria pública durante varios años y ha sido invitada como oradora a varios canales locales de televisión y emisoras de radio. Puede localizar a Mary Ann en 2840 Laramie, Irving, TX 75062, o bien llamando al 214-256-1312.

Nicholas Economou es el diseñador de la planificación y el seminario "Time On My Side". Ha capacitado a miles de personas en organización personal y definición de metas eficaces. Entre sus clientes se incluyen muchas compañías de Fortune 500. Puede localizarlo en RPO 50009, Nro. 15-1594 Fairfield Rd., Victoria, BC, Canada V8S IG0, o bien llamando al 604-744-1296.

Wyverne Flatt brinda charlas, asesora y realiza seminarios desde Boston hasta Puerto Rico hasta Honolulu. Considera que aprender y crecer es natural y divertido. Puede localizarlo en 11107 Wurzbach Rd., Suite 103, San Antonio, TX. Teléfono 210-691-2264, fax 210-691-0011.

Celeste Fremon es una periodista famosa y autora de *Father Greg and the Homeboys* (Hyperion), una descripción de cuatro años de la vida de una banda del este de Los Angeles. Es una colaboradora de *Los Angeles Times Magazine* y de varias publicaciones nacionales.

Margaret J. Giannini, M.D., es la ex Secretaria Adjunta del Director Jefe Médico de Rehabilitación y Protésica del Departamento de Asuntos de Veteranos en Washington, D.C. En 1979, el presidente Jimmy Carter designó a la Dr. Giannini como la primera Directora del Instituto Nacional de Investigaciones de Discapacidad y Rehabilitación. Ha publicado muchos trabajos y ha dado conferencias en forma nacional e internacional.

Barbara Glanz es autora, oradora y asesora conocida mundialmente quien se especializa en la comunicación creativa, la creación de la lealtad del consumidor y la regeneración del espíritu en el lugar de trabajo. Es la autora de *The Creative Communicator, Building Customer Loyalty* y *CARE Packages for the Workplace— Dozens of Little Things You Can Do to Regenerate Spirit at Work*. Puede localizar a Barbara en 4047 Howard Ave., Western Springs, Il 60558. Teléfono 708-246-8594, fax 708-246-5123.

Rick Halvorsen es un oficial correccional de 34 años de edad de Michigan. Dedicó su cuento a su padre y madre y a su esposa, Kim, quien permaneció a su lado en tiempos buenos y malos. Kim le dio fuerzas durante la guerra y lo inspiró a escribir "For the Love of My Father".

Jeff Hoyce y su compañía, Strategic Intent, brindan servicios a organizaciones como Ford, Allied Signal y Blue Cross/Blue Shield, y se especializa en el rol práctico de ejecutivo mayor de cambios en gran escala y de equipo. Puede localizarlo llamando al 303-415-2531.

Gary Hruska es vicepresidente adjunto de operaciones de publicación en las oficinas centrales mundiales de GTE Directories ubicadas en Dallas/Fort Worth, Texas, donde dirige y coordina las actividades de Core Business Systems. Como defensor de los procesos que le otorgaron a la compañía el Premio a la Calidad Nacional de Malcolm Baldrige en 1994, Gary es el presidente del comité corporativo que fiscaliza las actividades relacionadas a la calidad. Posee el título de Licenciado en Ciencias de la Universidad del Norte de Illinois en DeKalb, IL y un master de la Universidad DePaul en Chicago, IL.

Susan Jeffers, Ph.D., es la autora de gran éxito de ventas de *Feel the Fear and Do It Anyway, End the Struggle and Dance with Life, Dare to Connect, Opening Our Hearts* *to Men, The Journey from Lost to Found, Thoughts of Power and Love* además de sus libros y cassettes de afirmación *Fear-Less Series (Inner Talk for Peace of Mind, Inner Talk for a Confident Day* e *Inner Talk for a Love that Works)*. La Dra. Jeffers es jefa de talleres y oradora pública reconocida y ha sido invitada a muchos programas de televisión y radio nacionales.

Gina Maria Jerome es autora, oradora y editora. Su especialidad es mostrar a las empresas cómo expandir su base de clientes sin la problemática y el gasto de publicidad. Comuníquese con ella en Over the Wire, *jerome@overthewire.com*, o escriba a 13492 Research Blvd., Ste. 120-126, Austin, TX 78750, o bien llame al 512-257-1892.

Martin L. Johnson ha permanecido por más de 17 años en la industria de las telecomunicaciones con Northwestern Bell, Pioneer Hi-Bred, Intl. y AT&T. Actualmente, es asesor para Comsys Data Services. Posee el título de Licenciado en Filosofía de la Universidad del Estado de Iowa y un master de la Universidad Drake.

James Kennedy es el presidente de Success Seekers International y un animador realizado. Como participante de una amplia gama de actividades deportivas, James se ha destacado en el baloncesto, jugando para el Equipo de Canadá, y ha sido miembro de la liga profesional europea. Trabaja en servicio al cliente, calidad total, liderazgo y creación de equipos para organizaciones internacionales. Puede llamar a James al 519-944-7554.

Marilyn Johnson Kondwani es una oradora/empresaria cuyos talleres de autoestima, liderazgo y aromaterapia incentivan a las personas a lograr su máximo potencial. Coautora de *Chicken Soup for the Souls of Black Folks,* y creadora de Treasure of Egypt Natural Products, puede localizar a Marilyn en P.O. Box 1923, Fairfield, IA 52556 o llamando al 515-472-1802.

Nancy Noel Marra ha sido maestra durante los últimos 16 años. Posee un master en educación y es una presentadora usual en conferencias profesionales. A Nancy le fue otorgado el Premio Presidencial por Excelencia en la Enseñanza de Ciencias y Matemáticas en 1996. Le gusta escribir y está trabajando para que la palabra "autora" forme parte de su perfil profesional. Puede localizar a Nancy en 224 30th Ave. NE, Great Falls, MT 59404.

Hanoch McCarty, Ed.D, es un orador de motivación altamente solicitado cuyos programas de capacitación corporativa se basan en las estrategias que afianzan la lealtad del empleado y del cliente así como también liberan la creatividad y elevan al máximo la productividad del personal. Su trabajo utiliza el poder definitivo de la amabilidad e integridad. Puede localizarlo en Learning Resources, P.O. Box 66, Galt, CA 95632; enviando un correo electrónico a *kindness@softcom.net* o llamando al 209-745-2212.

Dennis J. McCauley ha practicado el ejercicio corporal terapéutico curativo desde 1975. Se lo conoce por su habilidad para crear un ambiente tranquilo y sereno donde las personas pueden regenerarse, curarse o crecer a medida que su equilibrio y armonía se restauran. Además, Dennis es un instructor de tai chi. Puede localizarlo en 450 Sherwood Dr. #308, Sausalito, CA 94965, o bien llamando al 415-331-8880.

Jeff McMullen es orador, animador y autor de reputación internacional para satisfacer y cumplir con las necesidades de sus clientes. Jeff brinda charlas sobre motivación, estado de ánimo, servicio al cliente, cambio y liderazgo eficaz. Puede localizar a Jeffrey llamando al 414-954-9300, o bien en 3315 N. Racine St., Appleton, WI 54911.

Rachel Dyer Montross está trabajando como agente de servicio al cliente para Southwest Airlines en el Aeropuerto Internacional de Los Angeles. Actualmente, está estudiando para obtener un título en fisiología de ejercicio y psicología deportiva, y está estudiando para ser entrenadora personal matriculada.

Bob Moore es orador maestro y jefe de taller sobre las formas de crear fuertes rasgos de personalidad y motivación personal en estudiantes y empleados. Es autor reconocido y se lo puede localizar en 19-B Senate Plaza, Columbia, SC 29201, o bien llamando al 803-799-0493.

Sharon Drew Morgen ha cambiado el paradigma de ventas con su libro *Sales on the Line*, que promueve la venta dirigida al cliente y basada en el servicio. Entrena a compañías que buscan incorporar la ética en las ventas. Puede comunicarse con ella llamando al 505-776-2509.

John y Ann Murphy se convirtieron en terapeutas del estado de ánimo luego de que ambos sobrevivieran a un infarto. Brindan charlas a empresas, asociaciones e individuos de todos los ámbitos de la vida que sufren de estrés. Su mensaje es: Aquel/Aquella que ríe último/a - ríe mejor. Puede localizarlos en 4 Camelot Dr., Hingham, MA 02043.

Valerie Oberle ha sido miembro de reparto de Disney World en Orlando durante más de 25 años. Valerie se especializa en programas de desarrollo profesional ofrecidos a los profesionales de empresas. Para obtener mayor información, llame al 407-824-4855.

Sally K. O'Brien, presidenta de S.K. O'Brien, es oradora, asesora, autora, educadora y entrenadora especializada en habilidades de comunicación. Ha realizado charlas profesionales, talleres y seminarios en las áreas de habilidades de presentación, capacitación de ventas y principios de autoestima durante los últimos 10 años. Puede localizar a Sally en P.O. Box 6522, Hilo, HI 96720 o enviando un fax al 808-979-2344.

Jeffrey Patnaude, uno de los pioneros en la unión de los mundos del trabajo y del espíritu, es profesor maestro, orador, autor, asesor y sacerdote. Con una presencia creativa y din·mica que evoca la transformación personal y de organización, dirige a 12 asociados en el servicio de corporaciones mundiales en las áreas de liderazgo, gerencia y comunicación. Escriba a Patnaude Group, 600 Colorado Ave., Palo Alto, CA 94306, o bien llame al 800-275-5382.

Rick Phillips es un orador reconocido mundialmente que se especializa en las ventas altamente optimizadas y en los sistemas de servicio al cliente. Como autor de más de 100 artículos, Rick brinda charlas a miles de personas cada año sobre el desarrollo de Ventajas Adversas. Puede comunicarse con Ventas de Phillips y Desarrollo de Personal al 800-525-PSSD (7773).

Richard Porter es presidente y CEO de Service Track Enterprises, Inc., una firma que se especializa en el servicio al cliente de alto rendimiento.

Marty Raphael ha compartido su discernimiento sobre la conciencia a lo largo de sus 20 años como ejecutiva de empresa. Autora de *Spiritual Vampires: The Use and Misuse of Spiritual Powers*, puede localizarla a través de su editorial, The Message Co., 4 Camino Azul, Santa Fe, NM 87505 o llamando al 505-474-0998.

Naomi Rhode, R.D.H., C.S.P., C.P.A.E., es la ex presidenta de la Asociación Nacional de Oradores y es conocida por sus charlas inspiradoras y dinámicas orientadas al cuidado de la salud y al publico empresarial. Es la copropietaria y vicepresidenta de SmartPractice™, una compañía de comercialización y fabricación que provee productos y servicios a la industria del cuidado de la salud mundialmente. Naomi es la autora de dos libros inspiradores, *The Gift of a Family—A Legacy of Love* y *More Beautiful Than Diamonds—The Gift of Friendship*.

John Scherer es autor de *Work and the Human Spirit* y el vídeo *Breakthrough Series*. También es el creador del Intensivo Desarrollo de Liderazgo, un programa para expandir la mente, estirar el cuerpo y profundizar el espíritu de los líderes de la próxima generación. Comuníquese con el Centro para el Trabajo y el Espíritu Humano, 421 West Riverside Ave., Spokane, WA 99201, o bien llamando al 509-838-8167.

Michael Shandler, Ed.D., es presidente de Vision Action Associates, una empresa de consultorìa de Amherst, Massachusetts que se especializa en el desarrollo de liderazgo y de organización. El Dr. Shandler es un orador conocido internacionalmente y autor de siete libros. Su libro más reciente, *VROOM! Turbo Charged Team Building*, ha sido descripto por Kenneth Blanchard como un libro novedoso. Puede localizar al Dr. Shandler en 47 Summer St., Amherst, MA 01002, o bien llamando al 413-459-1670.

Kenneth L. Shipley es un diseñador/escritor que se especializa en ideas y palabras para materiales comerciales de imprenta. Su trabajo ha sido reconocido con más de 50 premios de organizaciones regionales, nacionales e internacionales. Lo puede localizar en 15965 York Rd., Cleveland, OH 44133, o bien llamando al 216-582-4183.

Joanna Slan es una oradora y entrenadora galardonada. Autora de dos libros y coautora de cinco, Joanna se especializa en asuntos de género, servicio al cliente y equilibrio. Puede localizarla en 7 Ailanthus Ct., Chesterfield, MO 63005, o bien llamando al 800-356-2220; correo electrónico *joannaslan@aol.com*.

Jeff Slutsky es un orador principal mundialmente reconocido sobre temas de comercialización sin dinero. Entre sus seis libros se incluyen *StreetSmart*

Tele-Selling y *How to Get Clients*, y fue actor principal en una serie de PBS. Puede comunicarse con Street Fighter Marketing en Columbus, OH, llamando al 614-337-7474.

Linda Stafford, autora de *Crying Wind* y *My Searching Heart*, está escribiendo una serie de novelas románticas. Vive en Hawaii con sus cuatro hijos, donde la vida es prácticamente perfecta.

LaVonn Steiner, M.S., es oradora/asesora de motivación a nivel internacional y gerente y autora matriculada de 34 seminarios de rendimiento. Su genialidad es el entrenamiento de rendimiento: ejecutivo, individual y grupal. Ejerce influencia en la actitud de las personas y las motiva a cambiar. Puede comunicarse con LaVonn en EXCEL Corp. llamando al 701-255-1919.

Mike Stewart, C.S.P., se especializa en ayudar a las organizaciones de ventas a superar las malas oportunidades de ventas y a incrementar las actividades de planificación y concreción. Brinda charlas mundialmente y realiza talleres y seminarios sobre temas de gerencia de ventas de asesoramiento. Puede llamar a Mike en Atlanta, GA al 770-512-0022.

G. Stillwagon, D.C., Ph.C., es autor, conferencista, investigador, inventor y desarrollador de técnicas. La profesión quiropráctica lo reconoce mundialmente por contribuir con investigaciones en el Derma Termógrafo y Termografía Electrónica Infrarroja Visi-Therm. El progreso del paciente puede controlarse y registrarse visualmente con estas medidas no invasoras de resultado. Puede localizarse al Dr. Stillwagon en Stillwagon Seminars, Inc., 767 Dry Run Rd., Monongahela, PA 15063. Teléfono 412-258-6553, fax 412-258-5611.

Judy Tatelbaum, reconocida autoridad en materia de sufrimiento, autora de *The Courage to Grace* y *You Don't Have to Suffer*, es una inspiradora oradora/entrenadora, incentivando a las personas a realizar sus vidas. Puede localizar a Judy en P.O. Box 601, Carmel Valley, CA 93924, o bien llamando al 408-659-2270.

Mike Teeley es un orador/asesor profesional. Sus talleres sobre servicio al cliente y gerencia de cambios le han otorgado reconocimiento mundial. Su organización es Service Advocate, y recientemente ha publicado *Change and the Challenge of Leadership: A Handbook for Organizational Excellence*. Puede localizarlo en Service Advocate, 3 Butch Songin Circle, S. Walpole, MA 02071; teléfono/fax: 508-668-1759.

Art Turock brinda charlas en todo el mundo sobre cambios, liderazgo y autorización. Las ideas de Art han formado parte de la revista *Success*, *USA Today* y de las series *The One-Minute Manager*. Con la realización de 200 entrevistas por año, proporciona en forma dinámica material de actualidad personalizado. Puede comunicarse con Art en Seattle llamando al 206-827-5238.

Glenn Van Ekeren es un orador dinámico en las áreas de desarrollo personal, profesional y de organización. Es un practicante profesional de recursos humanos, un autor exitoso de *The Speaker's Sourcebook*, *The Speaker's Sourcebook II* y el corrector de prueba de *Braude's Treasury of Wit and Humor* así como también *The Complete Speaker's & Toastmaster's Library*. Glenn también escribe la muy conocida carta de anuncio Potencial. Puede localizarlo en People Building Institute, 330 Village Circle, Sheldon, IA 51201, o bien llamando al 712-324-4873.

Denis Waitley es un reconocido autor y conferencista. Puede comunicarse al 800-WAITLEY.

Dr. Ann E. Weeks es una oradora reconocida nacionalmente que brinda a su público muchas estrategias cotidianas para lidiar con los acontecimientos de la vida. Ann se especializa en cuentos sobre el estado de ánimo y la realidad cotidiana para hacer que sus presentaciones sean un deleite. Puede localizarla en P.O. Box 5093, Louisville, KY 40205, o bien llamando al 502-458-2461.

Steven B. Wiley es un orador/animador cuyo público lo integran las organizaciones más importantes del mundo. Sus habilidades excepcionales de comercialización, liderazgo e interpersonales han sido elogiadas por las editoriales más importantes entre las que se incluyen *Venture Entrepreneur, Inc.* y *USA Today*. Las especialidades de Steve incluyen ventas, liderazgo, salud y motivación. Puede comunicarse con él al 717-359-8733, o bien localizarlo en The Wiley Group, 1790 Hoffman Home Rd., Littlestown, PA 17340.

Jonathan Wygant es presidente de Consciousness Unlimited, proporcionando asesores, oradores principales y entrenadores de nivel mundial a empresas interesadas en transformar el lugar de trabajo en un escenario clave. Su compañía provee expertos en las siguientes áreas: comunicación, liderazgo, innovación, productividad, integridad y salud. Visite Consciousness Unlimited en 3079 Calle Pinon, Santa Barbara, CA 93105, o bien llame al 805-569-0654; fax 805-569-9826; correo electrónico *resource@consciousu.com*.

Mohammed Yunus es el fundador y director de Grameen Bank en Bangladesh.

Nuevos Títulos

Sopa de Pollo para el Alma de la Madre
Code 7303 • $12.95

Sopa de Pollo para el Alma del Adolescente
Code 732X • $12.95

Disponible en todas las librerías, o llamando al
1.888.880.SOPA (1.888.880.7672).
Para ordenar por el Internet, vaya a *www.hci-online.com*.

El Nuevo Clásico!
#1 En La Lista De
New York Times Bestseller

«El dinero y la fama no hacen automáticamente felices a las personas. Esto es algo que viene de adentro. Sopa de pollo para el alma pondrá un millón de sonrisas en sus corazones.»

Robin Leach, presentador,
Lifestyles Of The Rich And Famous

#1
New York Times
BESTSELLER

Sopa de Pollo para el Alma

Relatos que conmueven el corazón y ponen fuego en el espíritu

Maravillosos relatos de:
Dan Millman
Art Buchwald
Pablo Casals
Théodore Roosevelt
Les Brown
y muchos, muchos más

ESCRITOS Y RECOPILADOS POR
Jack Canfield
Mark Victor Hansen

Code 3537 • $12.95

Inspiración

#1 New York Times
ESCRITORES MÁS EXITOSOS
Jack Canfield
Mark Victor Hansen

Un segundo plato de Sopa de Pollo para el Alma

Nuevos relatos que conmueven el corazón y ponen fuego en el espíritu

Code 5025 • $12.95

Inspiración

#1 New York Times
ESCRITORES MÁS EXITOSOS
Jack Canfield
Mark Victor Hansen

Un tercer plato de Sopa de Pollo para el Alma

Nuevos relatos que conmueven el corazón y ponen fuego en el espíritu

Code 5203 • $12.95

Inspiración para la Mujer

#1 New York Times
E X I T O S O S
Jack Canfield, Mark Victor Hansen
Jennifer Read Hawthorne
& Marci Shimoff

Sopa
de Pollo
para el Alma
de la Mujer

**Relatos que conmueven el
corazón y ponen fuego en
el espíritu de las mujeres**

Code 519X • $12.95

4620